Max Ring

Die Geheimnisse einer kleinen Stadt

Humoristische Novelle

Max Ring

Die Geheimnisse einer kleinen Stadt
Humoristische Novelle

ISBN/EAN: 9783744672139

Hergestellt in Europa, USA, Kanada, Australien, Japan

Cover: Foto ©ninafisch / pixelio.de

Weitere Bücher finden Sie auf **www.hansebooks.com**

Die
Geheimnisse einer kleinen Stadt.

Humoristische Novelle

von

Max Ring.

Leipzig,
Verlag von Schulze & Co.

Erstes Kapitel.

Zugvögel.

———

Dicht an dem Stadtthor stand ein altes Haus mit spitzem Giebeldache und vorspringendem Erker, an dem die Schwalben Jahr aus Jahr ein ihre Nester bauten. Die klugen Vögel waren erst seit einigen Tagen von ihrer Wanderschaft zurückgehrt.

Es ging ihnen gerade, wie es auch anderen Reisenden zu gehen pflegt: sie konnten nicht gleich Ruhe finden und schweiften den ganzen Tag in den Straßen des Städtchens auf und nieder, wahrscheinlich um sich nach den Neuigkeiten zu erkundigen, die in ihrer Abwesenheit passirt waren.

Freilich hatte sich Vieles und Wichtiges zugetragen, hier war ein Haus neu angestrichen worden, so daß sie es gar nicht wieder erkannten, dort hatte man ein anderes Gebäude ganz eingerissen und von Grund auf neu gebaut.

Vergebens suchten die betrübten Schwalben die Stelle, wo früher ihre Nester gesessen; die waren beseitigt und keine Spur mehr davon zu sehen, so fleißig sie auch darnach forschten und herumflatterten.

Auch der Kaufmann an der Ecke war mit seinem Jahrhundert fortgeschritten und hatte nicht umsonst die Residenz besucht. Jetzt prunkte an seinem Laden ein modisches Schaufenster mit einer wirklichen Spiegelscheibe, hinter der feine Waaren: bunte Bänder, Ledertaschen, gewirkte Shawls und sogar seidene Kleider zum Kaufen verlockten. Natürlich konnte deshalb Herr Schilling, der Apotheker und Stadtverordneten-Vorsteher nicht zurückbleiben, da er zu den Notabilitäten des Städtchens zählte und, obgleich er noch immer Junggeselle war, an der Spitze der Gesellschaft stand, viel bewundert und umworben von allen Müttern heirathsfähiger Töchter aus den besten Familien.

Seit einigen Wochen hatte er den Mohren auf seinem Schilde mit einem neuen goldenen Halsbande und einer grün-roth-blauen Federkrone versehen lassen; was jedenfalls etwas Großes bedeutete, wie die Politiker und Kaffeeschwestern des Ortes sich leise ins Ohr flüsterten, vielleicht gar eine bevorstehende Verlobung.

Im Uebrigen war Alles hübsch beim Alten geblieben, wie es sich für eine bedächtige und meist gut conservative Bürgerschaft schickt. Vor dem Rathhause

schritt noch immer der graue Stadtsoldat mit dem ein=
gerosteten Säbel auf und nieder, wozu er ein grimmiges
Gesicht schnitt, um den zankenden Marktfrauen und
Obstweibern den gebührenden Respekt einzuflößen. Am
Marktbrunnen wuschen und plauderten die Dienstmäd=
chen zum Aerger ihrer Herrschaften länger als es diesen
lieb war, wobei sie sich die interessantesten Stadtneuig=
keiten mittheilten, wie die Frau Ober=Steuer=Kassen=
Revisor sich mit ihrem Manne zankt, wie die älteste
Tochter des Bürgermeisters Schnipper auf den Assessor
Helfrich spekulirt, aber ihre Mutter nichts davon wissen
will, und wie die Frau Syndikus Ohnesorge einen
sündhaften Aufwand macht, während Schuster und
Schneider ihr das Haus mit unbezahlten Rechnungen
einlaufen.

Um den hohen Kirchthurm flatterten kreischend die
Dohlen und dazu schallte ein wilder Lärm aus dem nahen
Schulhause, wenn der Herr Rektor Cyprian den Rücken wen=
dete, um sein einfaches Frühstück einzunehmen. Das Alles
erfuhren die Schwalben, als sie durch die Straßen des
Städtchens flogen. Endlich hatten sie genug gesehen und
gehört; wie solide Leute dachten sie nun an das eigene
Hauswesen und an ihre Einrichtung. Als fleißige Ar=
beiter machten sie sich ohne Zögern an ihr Werk und
trugen mit ihren Schnäbeln Lehm, Stroh, trockenes

Gras und aufgelesene Federn herbei, um ein neues Nest zu bauen.

Dem lieblichen Gezwitscher der trauten Vögel, welches die schöne Frühlingszeit verkündigte, lauschte ein holdes Mädchen mit sinnigem Lächeln, das in dem alten Hause am Thore wohnte. Zwischen grünendem Epheu und blühendem Goldlack schaute das liebe Ge= sicht mit den blonden schweren Haarflechten gerade wie ein freundliches Heiligenbild aus seiner Nische hervor.

War auch die achtzehnjährige Agnes keine Heilige, so war sie doch wenigstens ein gutes fleißiges Kind. Emsig nähte sie an der weißen Leinwand, die sie in den Händen hielt; nur die Ankunft der Schwalben, welche sie in diesem Jahr zum ersten Mal wieder sah, unterbrach die angefangene Arbeit. Um die willkom= menen Gäste zu begrüßen, trat sie an das Fenster und schaute hinaus auf die stille, menschenleere Straße.

Zu derselben Zeit schritt ein fremder Wanderer durch das alte Stadtthor in das Städtchen. Der noch jugendliche Mann mit gebräunten Wangen und dunklem Bart trug eine Ledertasche um die Schultern gehängt und einen tüchtigen Reisestock in seiner Hand. Eine blaue Blouse bedeckte die schlanke, aber kräftige Gestalt und ein leichter Strohhut beschattete die hohe Stirn, unter der die dunkeln Augen forschend hervorblickten.

einem so kleinen Orte, wo jeder seinen Nachbar genau kennt und alle Leute mit einander befreundet oder ver= wandt sind, ist schon die bloße Erscheinung eines frem= den Menschen gewissermaaßen ein Ereigniß, das die Neugierde reizt.

Das mochte wohl auch der Grund sein, weßhalb Agnes den Wanderer anschaute, der in der Nähe des Thores unschlüssig stehen blieb, als suchte er an den verwischten Nummern der Thür ein ihn angehendes Haus zu erkennen. Er schien damit jedoch nicht fertig werden zu können, und augenscheinlich blickte er sich nach Leuten um, die ihn zurecht weisen sollten.

„Mein Fräulein!" sagte er mit kräftiger, klang= voller Stimme. „Vielleicht können Sie mir sagen, ob hier in der Nähe die Frau Martha Lehmann, die Wirthschafterin des verstorbenen Berggeschworenen Trautwein, wohnt?"

„Gerade gegenüber, in dem gelb angestrichenen Hause, Nummer Zehn," erwiederte sie, mit der kleinen Hand nach dem bezeichneten Hause weisend.

„Ich danke Ihnen für Ihre Freundlichkeit," ver= setzte der Fremde, den Hut lüftend, worauf er mit einer leichten Verneigung in der gegenüberliegenden Thüre verschwand.

„Wer das nur sein mag?" dachte das Mädchen. „Ein Handwerksbursche ist wohl der Fremde nicht:

denn dafür spricht er zu gebildet; auch hat er zu gute
Manieren. Vielleicht ein Freund oder Verwandter
der alten Martha, aber was geht mich das an?"

Bald saß sie wieder bei der Arbeit und hatte den
Fremden vergessen; nur dem Gezwitscher der Schwal=
ben lauschte sie noch, die dicht unter ihrem Fenster sich
das neue Nest bauten. Männchen und Weibchen
mauerten um die Wette, um so bald als möglich ihre
Hochzeit zu feiern. Agnes aber durfte nicht ans Hei=
rathen denken, da sie nur ein armes Mädchen war,
das für fremde Leute nähen mußte, um sich und ihre
Mutter zu ernähren.

Unterdeß begab sich der Fremde in das Haus des
Berggeschworenen Trautwein, wo er schon seit einigen
Wochen erwartet wurde. Der vor Kurzem verstorbene
frühere Besitzer, ein alter wunderlicher Junggeselle,
hatte sein Eigenthum und was drum und dran hing
seinem Neffen, dem Doktor Eberhard, hinterlassen.

Außer dem Advokaten wußte Niemand den Aufent=
haltsort des Erben, da dieser sich in der weiten Welt
zu seinem Nutzen und Vergnügen herumtrieb. Ur=
sprünglich studirte er Naturwissenschaften, besonders
Chemie und Mineralogie, mit großem Fleiße, lehnte
später jedoch jedes Anerbieten zu einer festen Stellung,
woran es ihm bei seiner anerkannten Tüchtigkeit nicht
fehlte, beharrlich ab, weil ihm seine Freiheit und Un=

abhängigkeit zu lieb war. Aus demselben Grunde hatte
er sich auch eben so wenig zu einer Heirath entschließen
können. Der bloße Gedanke daran erfüllte ihn mit
komischem Entsetzen. Hierzu kam noch, daß das durch
den Tod des Onkels ihm zufallende Vermögen gerade
hinreichte, um seine höchst bescheidenen Bedürfnisse zu
befriedigen. Er war nur in der Absicht nach dem
Städtchen gekommen, um die Erbschaft zu erheben, das
alte Haus zu verkaufen und dann sich so schnell als
möglich auf den Weg zu machen, um den Orient
kennen zu lernen.

Frau Lehmann, die alte Wirthschafterin, welcher der
Verstorbene ein kleines Legat ausgesetzt, wurde nicht
wenig überrascht, als der Universalerbe und Neffe ihres
früheren Herrn ungemeldet vor ihr erschien und sich
eben so ungenirt ihr vorstellte, denn die gute Frau
hatte es gar nicht für möglich gehalten, daß der jetzige
Eigenthümer jemals zurückkehren werde, und sich gewissermaßen als Besitzerin des Hauses angesehen.

Vor Schreck ließ sie fast die große Mundtasse des
Verstorbenen fallen, aus der sie eben in aller Ruhe
und Zufriedenheit ihren Nachmittagskaffee trank, als sie
auf so unangenehme Weise dabei gestört und aus ihren
etwas selbstsüchtigen Träumen gerissen wurde.

„Wollen Sie so gut sein und mir die Wohnstube
des Onkels aufschließen?" unterbrach der Fremde den

Wortschwall, womit die Wirthschafterin ihn, wenn auch mit saurem Gesichte, begrüßte, als sie sich wieder von ihrem ersten Schreck erholt hatte.

„Vielleicht ist dem Herrn Doktor ein Täßchen Kaffee gefällig?" fragte die Alte mit erzwungener Höf= lichkeit.

„Ich danke Ihnen," versetzte er kurz. „Vorläufig bedarf ich nur der Ruhe."

Ueber den Mangel an Courtoisie ergrimmt, ver= stummte sie und öffnete verdrießlich die verschlossene Thür des Wohnzimmers, aus dem dem Eintretenden jener eigenthümliche Modergeruch entgegen wehte, der in lange Zeit unbewohnten Räumen sich anzusammeln pflegt. Eberhard half diesem Mangel durch das Auf= reißen der verquollenen Fenster ab und warf sich er= müdet und abgespannt in den alten Lederstuhl des Onkels, um von dem weiten und anstrengenden Wege auszuruhen, den er seiner Gewohnheit gemäß größten= theils zu Fuß zurückgelegt hatte.

Bevor die Wirthschafterin ihn allein ließ, fragte sie noch einmal, um ein Gespräch mit dem schweigsamen Gaste anzuknüpfen, nach seinen Befehlen, worauf er sie ersuchte, dem Advokaten Himburg seine Ankunft zu melden mit der Bitte, daß derselbe sich noch heute zu ihm verfügen möchte, da er selbst sich zu angegriffen fühlte, um den Rechtsanwalt seine Aufwartung zu machen.

Als die Alte fortgegangen, gedachte Eberhard ein Stündchen zu schlummern, aber trotz der Stille, die ihn umgab, vermochte er kein Auge zu schließen, wie das wohl bei allzu großer körperlicher Uebermüdung zu geschehen pflegt. Auch mochten wohl die neuen Verhältnisse mit dazu beitragen, da die ihm unerwartet zugefallene Erbschaft sich mit mancherlei Sorgen und Bedenken verknüpfte.

Um die verwickelten Angelegenheiten zu ordnen, war er auf Wunsch des Rechtsanwalts nach dem Städtchen gereist, wo er, wie er befürchtete, länger aufgehalten werden konnte, als es ihm bei seinem unruhigen Wesen lieb war. Der bloße Gedanke, in dem kleinen Nest einige Tage oder gar Wochen verweilen zu müssen, reichte hin, um seine gute Laune zu trüben und ihn zur Verzweiflung zu bringen.

Voll Ungeduld erwartete er den Rechtsanwalt, von dessen Ausspruch die längere oder kürzere Dauer seines Aufenthaltes abhängen sollte, aber weder dieser, noch die Wirthschafterin ließen sich sehen. Zum ersten Male in seinem Leben empfand Eberhard das lästige Gefühl der Langeweile, so daß er, um sich zu zerstreuen, an das Fenster trat und auf die Straße hinausblickte.

Dabei fand er jedoch keine besondere Unterhaltung

da Alles wie ausgestorben schien; nur an der Ecke dehnte sich schläfrig ein Hund, der eben so wenig wußte, was er mit seiner Zeit anfangen sollte und deßhalb den Mund gähnend aufsperrte und nach den ihn umspielenden Fliegen schnappte.

Außerdem flatterten die geschäftigen Schwalben an dem gegenüberliegenden Hause, deren Treiben ihn nach und nach unwillkürlich fesselte. Bald sah er mit gespannter Aufmerksamkeit den fleißigen Vögeln zu, wie sie einen Halm nach dem andern herbeischleppten und mit ihren kleinen Schnäbeln an der Mauer befestigten. Eberhard hätte nicht Naturforscher sein müssen, um nicht die Gelegenheit zu einer Beobachtung zu benutzen, wobei er trotz seines wissenschaftlichen Eifers auch das schöne Mädchen bemerkte, das noch immer unbefangen an dem offenen Fenster saß und emsig mit seiner Arbeit beschäftigt war. Mit Vergnügen erkannte er in ihr die holde Nachbarin, welche ihm so freundlich Auskunft gegeben.

Seine Naturstudien wurden durch den Eintritt des sehnlichst erwarteten Rechtsanwalts Himburg unterbrochen, der ein Freund des verstorbenen Berggeschworenen war, weßhalb ihn dieser zu seinem Testamentsvollstrecker ernannt hatte. Dieser Umstand mochte wohl dazu beitragen, daß der alte würdige Herr seinem Klienten mit einer gewissen väterlichen Vertraulichkeit entgegenkam. „Gut," sagte er, „daß Sie noch heute angekommen sind. Wenn Sie später eingetroffen wären, so hätten Sie mich schwerlich noch hier gefunden, da ich als alter Podagrist um diese Zeit jedes Jahr nach Karlsbad reise, um Satan durch Beelzebub, d. h. die Gicht durch den höllischen Sprudel aus meinen Gliedern zu treiben."

„Das thut mir aufrichtig leid," entgegnete Eberhard überrascht; „da Sie der einzige Mensch in dem ganzen Orte sind, den ich kenne. Ich habe darauf gerechnet, daß Sie mir behülflich sein werden, die verwickelten Geschäfte zu erledigen, besonders den Verkauf des Hauses und der Grundstücke zu betreiben, indem ich leider von allen diesen Dingen nicht das Geringste verstehe."

„Dazu haben Sie noch immer Zeit," versetzte der bedächtige Rechtsanwalt, indem er eine Prise aus seiner goldenen Dose nahm. „Sie haben nichts zu versäumen und ich würde Ihnen ohnehin nicht zum Verkauf rathen. Der gegenwärtige Zeitpunkt ist höchst ungünstig, da es überall an baarem Gelde fehlt und sich ein guter Käufer schwerlich jetzt finden dürfte. Sie müßten das Besitzthum, um es los zu werden, geradezu verschleudern, und werden daher besser thun, es vorläufig oder für immer zu behalten. Das alte Sprüchwort sagt: Ein eigener Heerd ist Goldes werth."

„Sie muthen mir doch nicht etwa zu, daß ich mein
Leben in einem solchen Nest beschließen soll, nachdem
ich die halbe Welt kennen gelernt habe?"

„Es kommt endlich einmal eine Zeit, wo man sich
nach Ruhe sehnt."

„Nur nicht nach der Ruhe des Philisterthums, vor
der ich ein tiefes Grauen empfinde. Offen gestanden,
kann ich nicht begreifen, wie ein Mann von Ihrer Bil=
dung es in einem solch beschränkten Kreise aushalten
kann. Ich wäre an Ihrer Stelle in den ersten vierzehn
Tagen davon gelaufen."

„Ich habe gerade so wie Sie gedacht," erwiederte
lächelnd der Rechtsanwalt, „als ich meine Anstellung
erhielt. Nach und nach aber söhnte ich mich mit meiner
Lage aus, da ich in dem Städtchen eine angemessene
Beschäftigung, eine einträgliche Praxis fand, welche meine
Zeit vollkommen in Anspruch nimmt und das Gefühl der
Langeweile gar nicht aufkommen läßt. Ich nahm eine
Frau, die hier geboren, mir einen Schatz von weib=
lichen Tugenden mitbrachte. Durch sie wurde ich ein
glücklicher Familienvater, geachtet und geehrt von mei=
nen Mitbürgern, die mir ihr volles Vertrauen schenkten,
seitdem ich mich unter ihnen fest niedergelassen, und
mir die Verwaltung verschiedener städtischer Aemter
übertrugen, in denen ich manches Gute wirken

kann. So lebe ich zufrieden, überzeugt, daß man überall das Glück findet, wenn man nur sich zu beschränken weiß."

„Leider fehlt mir dieser bescheidene Sinn," versetzte Eberhard. „Ich besitze eine wahre Vagabunden= natur, einen angeborenen Drang nach Freiheit und Ungebundenheit; deßhalb glaube ich auch, daß ich es hier nicht lange aushalten werde. Die kleinlichen Ver= hältnisse vermag ich nicht zu ertragen, und ich möchte je eher je lieber wieder zu meinem Wanderstabe greifen."

„Das ist mir wirklich nicht angenehm," entgegnete der alte Herr; „um so weniger, da ich in Ihrer Ge= sellschaft einen Ersatz für meinen verstorbenen Freund, Ihren seligen Onkel zu finden hoffte. Ich kann mir gar nicht denken, daß das von ihm bewohnte Haus in fremde Hände fallen soll; was auch, wie ich weiß, durchaus nicht sein Wunsch war, obgleich er keine aus= drückliche Bestimmung über diesen Punkt in seinem Testa= ment getroffen hat. Wie ich glaube, sind Sie dem Todten, der Sie aufrichtig liebte, einige Rücksicht schuldig. Wenigstens würde ich an Ihrer Stelle einen Versuch machen und noch einige Wochen mit dem Ver= kauf warten."

„Was sagen Sie? Einige Wochen? Da müßte ich mich ja förmlich hier einrichten und häuslich nieder= lassen?"

deres übrig bleiben, wenn Sie Ihre Interessen zu
Rathe ziehen wollen. Unterdeß habe ich meine Bade=
reise beendet und dann können wir, wenn Sie durch=
aus darauf bestehen, das Geschäft unter günstigeren
Bedingungen als in diesem Augenblick abschließen.‘‘

So unangenehm auch für Eberhard dieser Vorschlag
war, so war er doch zu verständig, um ihn abzu=
weisen, da ihm kaum ein anderer Ausweg übrig blieb,
wenn er nicht die Hälfte der Erbschaft einbüßen wollte,
wie ihm der erfahrene Rechtsanwalt mit einleuchtenden
Gründen nachwies.

Dieser empfahl sich mit herzlichen Worten, nach=
dem er Eberhard die Schlüssel zu den verschiedenen
Schränken, Kommoden und Kasten eingehändigt hatte,
die sich bisher in seiner Verwahrung befanden. Mehr
aus Mangel an Beschäftigung, als aus Neugierde oder
gar aus Habsucht, öffnete Eberhard, als er sich wieder
allein sah, den altmodischen Schreibsekretär des Ver=
storbenen.

Ein Wust von Papieren lag in den Schubladen,
zunächst ein Haufe von bezahlten und quittirten Rech=
nungen, in bester Ordnung, fast mit pedantischer Ge=
nauigkeit nach Jahren sorgfältig aufgehoben. Ein an=
deres Fach enthielt die Privatkorrespondenz des alten
Junggesellen, die Briefe von Freunden und Verwandten,
unter denen Eberhard die Handschrift seiner ebenfalls

schon seit einigen Jahren todten Mutter erkannte. Der
Anblick der vergilbten Zeilen weckten ein wehmüthiges
Gefühl in der Brust des einsamen Sohnes, der noch
nie sein Alleinstehen so tief empfunden hatte, wie in
diesem Augenblick.

Mit dem Onkel, den er auch nur selten gesehen
hatte, war sein einziger und letzter Verwandter ge=
storben, da er sonst weder Geschwister noch Angehörige
besaß, während seine unstäte Lebensweise ihn auch keine
Freunde finden ließ. Er war im eigentlichen Sinn
ein Fremder im Vaterlande, ein unbekannter Zugvogel
ohne Heimath und ohne eigenen Herd.

Dieser Gedanke, der jetzt plötzlich in seiner Seele
aufstieg, wurde noch durch die Erinnerung an den
alten Junggesellen verstärkt, dessen freudenloses, ver=
lassenes Leben die ganze Umgebung zu bezeugen schien.
Da war keine liebevolle Hand, um dem Sterbenden
die Augen zuzudrücken, kein Auge, um den Todten zu
beweinen. Eberhard selbst hatte ihn zu wenig gekannt
und ihm zu fern gestanden, um mehr als Dankbarkeit
für ihn zu hegen. Jetzt aber erwachte in seiner Brust
eine gewisse Pietät, eine fromme Scheu vor dem An=
denken des Onkels, ein tiefes, inniges Mitleid mit
dem verlassenen alten Junggesellen, dessen Schicksal
ihn vielleicht selbst erwartete, unbeweint aus dem Da=

Um den unangenehmen Gedanken zu entgehen, setzte er seine Nachforschungen in dem wurmstichigen Schreibsekretär fort, wobei er eine unerwartete Entdeckung machte. Als er nämlich das letzte Schubfach öffnete, fand er in demselben ein in Gold gefaßtes Medaillon mit dem Bildniß einer Frau, von dem er sich ganz wunderbar angezogen fühlte.

Er glaubte in der That die etwas verblaßten Züge, dieses liebliche Gesicht mit den unschuldvollen blauen Augen irgendwo gesehen zu haben und das Original zu kennen, obgleich er sich nicht mehr besinnen konnte, ob dies wirklich der Fall war, oder ob ihn nur seine Phantasie täuschte.

Um sich Gewißheit zu verschaffen, betrachtete er das Bild von allen Seiten genauer; auch die Rückwand untersuchte er sorgfältig, ohne jedoch etwas Bemerkenswerthes daran zu finden, außer einer halb erloschenen Inschrift: „Den 18. Mai 1830". Da er damals aber noch nicht geboren war, so mußte er sich jedenfalls irren, wenn er diese Frau zu kennen glaubte, welche wahrscheinlich längst im Grabe ruhte, oder wenigstens jetzt eine bejahrte Matrone sein mußte.

Trotzdem beschäftigte ihn das Bild so sehr, daß er es immer von Neuem in die Hand nahm, und da unterdessen die Dämmerung in der finsteren Stube eingetreten war, ging er damit an das offene Fenster,

um es noch einmal bei dem hellen Lichte der unter=
gehenden Sonne anzusehen.

Es war wohl eine Schicksalsfügung, daß gerade
in demselben Augenblick ein holder Mädchenkopf erschien
und nach dem gegenüberliegenden Hause blickte. Wie
ein Blitzstrahl durchfuhr es Eberhard, als er seine
Nachbarin erkannte, die Zug für Zug dem in seinen
Händen befindlichen Porträt so ähnlich sah, daß er vor
Verwunderung einen leisen Schrei ausstieß.

Das war ja dasselbe gute sanfte Gesicht, das Grüb=
chen an dem runden Kinn, die frischen rothen Lippen
und vor Allem dieselben blauen Augen, so klar und
doch so tief wie der wolkenlose Frühlingshimmel. Aber
bevor er seine Prüfung noch beenden konnte, war Agnes
wieder verschwunden, da sie sein unerklärliches An=
starren bemerkt hatte und sich dadurch verletzt fühlte.

Diese unerwartete Entdeckung fesselte seine Auf=
merksamkeit in so hohem Grade, daß er darüber den
Eintritt der alten Wirthschafterin nicht bemerkte, die
gekommen war, um sich nach seinen Wünschen für die
Nacht zu erkundigen. Erst als sie mehrere Mal laut
gehustet hatte, erwachte er aus seinen Träumen und
Gedanken, in die ihn die Erscheinung des holden Kin=
des versenkt hatte.

„Wer wohnt denn da gegenüber?" fragte er die
alte Dame mit angenommener Gleichgültigkeit.

„Drüben?" versetzte die grämliche Wirthschafterin mit verächtlichem Achselzucken. „Das sind pauvre Leute, eine arme Professorswittwe mit ihrer Tochter, die hier= her gezogen sind, weil sie in der großen Stadt mit ihrer lumpigen Pension nicht durchkommen konnten. Viel Geschrei und wenig Wolle, essen Wassersuppen und brocken ihren Hochmuth ein; arbeiten für die Leute, aber halten sich für etwas ganz Apartes, weil sie so gebildet sind. Die Mamsell konnte den Mohren= Apotheker, den reichsten Mann in unserem Städtchen, heirathen, aber sie hat ihm einen Korb gegeben. Ist das in der Ordnung, wenn man keinen Pfennig hat? Und die Mutter ist so stolz, daß sie mit keinem Men= schen umgeht und kaum dankt, wenn man sie grüßt."

„Verkehrte sie auch nicht mit dem seligen Onkel, der doch ihr Nachbar war?" forschte Eberhard, keines= wegs von der erhaltenen Antwort befriedigt.

„Gott behüte! Da kennen Sie den verstorbenen Herrn schlecht; der wollte mit keinem Frauenzimmer zu thun haben, und die Professorswittwe, die konnte er erst gar nicht leiden. Wenn er ihr begegnete, da machte er ein Gesicht, als ob er eine bittere Medizin verschluckte, und wo es irgend möglich war, ging er ihr aus dem Wege. Seitdem sie ihm gegenüber wohnte, machte er kaum noch ein Fenster auf, und es fehlte nicht viel, so hätte er sein Haus verkauft, blos weil

„Aber eine so entschiedene Abneigung läßt doch eine frühere Bekanntschaft voraussetzen; irgend ein Zerwürfniß muß wohl stattgefunden haben."

„Darüber kann ich Ihnen nichts sagen, nur das weiß ich, daß der Selige die Professorin bis zu seinem Tode nicht riechen konnte. Nicht einmal ihren Namen durfte ich in seiner Gegenwart nennen, und wenn mir das zufällig passirte, wie dazumal, als der Mohren-Apotheker seinen Korb bekam, worüber der ganze Ort aufrührerisch war, da sah mich der Herr Berggeschworene mit einem Blicke an, daß es mir eiskalt über den Rücken fuhr und mir das Wort auf der Zunge erstarb, obgleich ich sonst weder auf den Kopf, noch auf den Mund gefallen bin."

Da das Geschwätz der Alten Eberhard nicht weiter interessirte und ihm nur lästig war, so verabschiedete er dieselbe, nachdem er die nöthigen Anordnungen für sein frugales Abendbrod und Nachtlager gegeben hatte, worauf sie sich brummend entfernte.

Bald suchte auch er das frischüberzogene Bett auf; doch selbst in seinem Schlafe beschäftigte ihn noch der Gedanke an das räthselhafte Medaillon, indem ihn das Original desselben, oder vielmehr das holde Mädchen, welches dem gefundenen Porträt so ähnlich sah, im Traume umschwebte.

Zweites Kapitel.

Unter der Erde.

———

Am nächsten Morgen erwachte Eberhard neu gestärkt, mit dem Vorsatz, dem Rechtsanwalt und Freunde des verstorbenen Onkels einen Gegenbesuch abzustatten, wobei es ihm eigentlich nur darum zu thun war, genauere Erkundigungen über das Leben und Treiben des alten Junggesellen einzuziehen, für den er sich plötzlich sehr lebhaft zu interessiren anfing.

So sehr er sich aber auch mit dem Frühstück zum großen Aerger der gesprächigen Wirthschafterin beeilte, die ihn heute zugänglicher zu finden hoffte, so kam er doch zu spät, da der pünktliche Advokat bereits vor Tagesanbruch die beabsichtigte Badereise angetreten hatte.

Ein im Bureau beschäftigter Arbeiter konnte ihm weiter keine Auskunft geben. Die ganzen Kenntnisse des jungen Menschen beschränkten sich lediglich auf einige nähere Daten über die verschiedenen Grundstücke,

welche den werthvollsten Theil der Erbschaft aus-
machten.

Bei dieser Gelegenheit erfuhr Eberhard auch, daß
außer mehreren Feldern, Triften und Wiesen noch ein
verfallenes Bergwerk ihm gehörte, das vor einigen
Jahren eine nicht unbedeutende Ausbeute an werth-
vollem Kupfererz geliefert hatte, aber schon seit längerer
Zeit theils wegen des Durchbruchs unterirdischer Gewässer, theils wegen des geringen, kaum noch die Kosten
deckenden Ertrages, aufgegeben worden war.

Als gebildeter Mineraloge, erweckte diese ihm bisher unbekannte Nachricht seine Aufmerksamkeit in hohem
Grade. Wenn er sich auch von dem Besitze des verschütteten Schachtes keinen besonderen materiellen Vor-
theil versprechen konnte, so hoffte er dafür eine um so
reichere Ausbeute für seine wissenschaftlichen Studien
zu finden.

Aus diesem Grunde erkundigte er sich sehr angele-
gentlich bei dem gefälligen Schreiber nach der Lage
und der sonstigen Beschaffenheit des Bergwerks, in der
Absicht, eine kleine mineralogische Excursion anzustellen,
wozu er sich umsomehr angetrieben fühlte, da er nicht
wußte, was er sonst in dem ihm völlig gleichgültigen
Städtchen anfangen sollte.

Er glaubte hinlänglich orientirt zu sein, um allein
den Weg nach dem Bergwerk zu finden, der zunächst

nach der Beschreibung durch das alte Thor auf die befahrene Landstraße und dann weiter auf einem betretenen Fußpfad zu einer bewaldeten Berglehne führte, in deren Nähe der verfallene Schacht liegen sollte. An derartige Wanderungen schon gewöhnt, stieg Eberhard rüstig die hinter dem Ort sich erhebende Anhöhe hinauf, die ihm einen überraschenden Anblick bot. Er fand die Gegend weit schöner, als er sich gedacht, ein fruchtbares Hügelland, durch das sich der bequeme Weg zwischen bunten Wiesen und grünen Saatfeldern in vielfachen Krümmungen wie eine Schlange wand.

Zu seinen Füßen lag das Städtchen zwischen blühenden Obstbäumen versteckt, aus denen die rothen Dächer der Häuser und der schlanke Kirchthurm, von der Morgensonne hell beschienen, ihm anheimelnd hervorschauten.

Das Ganze bot ein überaus wohlthuendes Bild und Eberhard konnte sich bei dem freundlichen Anblick nicht des Gedankens erwehren, daß sich hier die Menschen glücklich und zufrieden fühlen müßten. Bald aber schwand bei einer neuen Biegung der Straße die anmuthig heitere Aussicht und die Landschaft nahm einen mehr ernsten, fast wildromantischen Charakter an.

Je mehr sich Eberhard auf dem bezeichneten Fußpfad von dem Fahrwerk entfernte, desto wüster und öder wurde die Gegend, deren eigentliche Gebirgsnatur

jetzt deutlich hervortrat. Zu beiden Seiten erhob sich
ein wüstes Gerölle von dunklen Felsentrümmern, spar=
sam mit wildem Gestrüpp und stachlichtem Gebüsch
bekleidet.

Immer näher rückten sich die schwarzen, von dem
durchsickernden Grubenwasser zerbröckelten Wände, die
sich mehr und mehr zu einer finstern Schlucht ver=
engten und den Ausgang zu versperren schienen. Auch
der bisher bequeme Fußpfad wurde immer unwegsamer,
häufig von nackten Baumwurzeln, herabgefallenen Stäm=
men und rieselnden Quellen unterbrochen, kaum noch
erkennbar, bis er sich zuletzt gänzlich in einem undurch=
dringlichen Wirrwar von mannshohen Pflanzen, jun=
gem Unterholz und aufgehäuften Schlacken verlor, so
daß Eberhard zu der Ueberzeugung kam, daß er sich
verirrt habe.

So sehr er sich auch in dieser Wildniß anstrengte,
die Spur eines menschlichen Wesens zu entdecken, so
war doch weit und breit Niemand zu sehen. Rings=
umher herrschte eine fast unheimliche Stille, nur durch
den hellen Schrei eines unsichtbaren Raubvogels, oder
durch das eintönige Rieseln des von den feuchten Felsen
niedertropfenden Wassers unterbrochen.

Während Eberhard noch überlegte, ob er umkehren
oder auf gut Glück in der unwegsamen Schlucht kühn
vordringen sollte, wurde er plötzlich durch eine eigen=

thümliche Erscheinung überrascht. Dicht in seiner Nähe
tauchte gleichsam aus der Erde eine Gestalt hervor,
die ihn unwillkürlich an die Sagen und Märchen von
den unterirdischen Berggeistern und Gnomen erinnerte.

Ein kleiner Kobold mit einem schwarzen Kittel bekleidet, wie ihn die Bergleute bei ihrer Arbeit zu tragen pflegen, kroch aus einem vom Gebüsch versteckten
Loche hervor und schaute mit hellen Augen sich vorsichtig um, als ob er sich überzeugen wollte, daß die
Luft rein sei und er nichts zu fürchten habe.

Mit steigender Verwunderung betrachtete Eberhard
den seltsamen Gesellen, der ihn nicht zu bemerken
schien, da er hinter einem vorspringenden Felsen stand.
Es mochte ein Knabe von ungefähr zwölf bis dreizehn
Jahren sein, dessen ganzes Aussehen die bitterste Ar-
muth verrieth.

Hunger und Noth blickten aus den eingefallenen
Augen und dem blassen, greisenhaften Gesicht, das
unwillkürlich dem Beobachter ein tiefes Mitleid ein-
flößte. Der dünne Kittel war zerrissen und geflickt,
dem Kinde viel zu lang und zu weit, so daß er um
die mageren Glieder schlotterte und ihm das Aussehen
einer mit Lumpen behangenen Vogelscheuche gab.

Statt des Gürtels trug der Knabe um die schmalen
Hüften einen groben Strick gewunden, an dem eine

kleine blecherne Grubenlampe hing, während er in der kleinen Hand einen eisernen Steinhammer hielt. Seine Taschen schienen schwer belastet, so daß ihn ihr Gewicht zu Boden zog.

Als Eberhard aus seinem Versteck hervortrat und ihn anredete, erschrak er sichtlich und zitterte an allen Gliedern, indem er in dem Dickicht zu entfliehen suchte; was ihm jedoch nicht gelang, da ihn der lange und schwere Kittel am Laufen hinderte, so daß ihn sein Ver= folger bald einholte.

„Fürchte Dich nicht," sagte dieser freundlich. „Ich werde Dir nichts thun und wenn Du mir den Weg nach dem verfallenen Schacht des Berggeschworenen Trautwein zeigst, so sollst Du noch obendrein eine gute Belohnung von mir erhalten."

„Daher komme ich eben," versetzte der Knabe einiger= maßen beruhigt. „Wir stehen dicht davor."

„Das kann doch unmöglich der Eingang zu dem alten Bergwerke sein?"

„Der ist verschüttet und zugemauert, so daß kein Mensch hinein kann."

„Aber Du sagtest doch eben, daß Du in dem Schacht gewesen bist. Wie ich glaube, willst Du mir nur etwas weiß machen."

„Ich habe noch niemals gelogen," erwiederte der Knabe gekränkt; „wer da lügt, wird ein Dieb, sagt meine Mutter, und ein Dieb will ich nicht werden. Ich bin ein ehrlicher Junge und rede immer die Wahrheit."

„Das freut mich," entgegnete Eberhard lächelnd. „Ich will Dir auch glauben, obgleich ich aus Deinen Reden nicht recht klug werden kann."

„Die Sache ist ganz einfach," meinte der Knabe. „Wenn auch der Schacht zugeschüttet ist, so sind doch die Luftlöcher offen geblieben, aber das darf eigentlich Niemand wissen, und Sie müssen mir versprechen, es auch keinem Menschen zu verrathen," setzte er treuherzig hinzu.

„Das will ich Dir auch versprechen" versetzte Eberhard, augenscheinlich durch die Naivität des Kindes belustigt, „wenn Du mir dagegen offen gestehen willst, was Du eigentlich in dem Schacht gesucht hast?"

„Wenn Sie es durchaus wissen wollen, so will ich es Ihnen sagen, da Sie mir ein guter Herr zu sein scheinen. Ich krieche manchmal in das Bergwerk, um daraus die schönen Krystalle zu holen, die ich in der Stadt verkaufe, weil wir gar so arm sind."

„Ich will Dir Deine Krystalle gut bezahlen, wenn Du mir welche verschaffen kannst," sagte Eberhard, dessen mineralogisches Interesse durch die Mittheilungen des Knaben erregt worden war.

„Wir können gleich den Handel machen, da ich beide Taschen voll mit den schönsten Stücken habe."

Zugleich zog der Knabe aus dem zerrissenen Kittel seine Schätze hervor, die er vor den überraschten Blicken seines Begleiters ausbreitete, indem er jeden einzelnen Stein sorgfältig in das weiche Moos bettete, das wie eine grüne Sammtdecke oder wie ein kostbarer Juwelen=kasten die in der Sonne funkelnden und blitzenden Krystalle umschloß.

Bei diesem Anblick lachte dem Mineralogen das Herz vor Freude, wie sie nur ein glücklicher Sammler empfinden kann, wenn ihn der Zufall eine oder die andere Seltenheit oder Merkwürdigkeit finden läßt. Mit diesem Gefühl aber verband sich auch der Wunsch, durch eigenen Augenschein den Schacht kennen zu lernen, der trotz des Verfalls in seinem Schooße noch immer so reiche und kostbare Schätze barg.

Dem Geiste des kundigen Naturforschers erschloß sich zugleich eine hoffnungsreiche Aussicht, die er jedoch vorläufig kaum zu denken wagte, da er sich zuvor erst die nöthige Gewißheit verschaffen wollte. Vor allen Dingen lag ihm jetzt daran, das Innere des Berg=werks selbst zu sehen und genau zu untersuchen, ob sich seine Vermuthungen auch bestätigten. Unter diesen Verhältnissen erschien ihm der Knabe wie ein Werk=zeug der Vorsehung, weshalb sich Eberhard umsomehr für ihn interessirte.

„Was verlangst Du für die Steine?“ fragte er,

nachdem er die Krystalle hinlänglich von allen Seiten betrachtet hatte.

„Wenn Sie mir zehn Silbergroschen geben, so bin ich zufrieden. So viel bekomme ich auch von dem Kaufmann."

„Hier hast Du einen Thaler."

„Einen Thaler?" rief der Junge freudig über= rascht. Nein! das ist zu viel. Die Mutter wird glau= ben, daß ich ihn gestohlen habe."

„Behalte nur das Geld und Du sollst noch einen Thaler dazu bekommen, wenn Du mich in das Berg= werk zu dem Gange führst, wo Du die Krystalle ge= funden hast."

„Das wird freilich schwer halten," versetzte der Knabe nach einiger Ueberlegung. „Das Loch ist gar zu eng und der Weg so niedrig, daß ich selbst nur zur Noth mich durchzwängen kann. Ich glaube kaum, daß es gehen wird."

„Es kommt nur auf einen Versuch an," entgegnete Eberhard. „Wenn es nicht geht, so kann ich ja immer noch umkehren."

Unter diesen Umständen erklärte sich der Knabe bereit, ihm den Weg nach dem Schacht zu zeigen und als Führer zu dienen. Mit Hülfe eines kleinen Feuer= zeuges, das er aus der Tasche hervorholte, zündete er die Grubenlampe wieder an, worauf er leicht wie eine

Eidechse durch das Luftloch schlüpfte, während sein Begleiter ihm mit einiger Anstrengung folgte, wobei ihm seine schlanke Figur und die durch fleißiges Turnen erlangte Geschmeidigkeit der Glieder die besten Dienste leistete.

Anfänglich war der abschüssige Gang, der in den verfallenen Schacht führte, so niedrig, daß er nur in gebückter Stellung und fast auf allen Vieren kriechend sich fortbewegen konnte. Fast zweifelte er an dem Gelingen des Wagestücks, aber nach und nach erweiterte sich der enge Spalt, so daß er hoffen durfte, sein Vorhaben glücklich auszuführen.

Gleich einem Irrlicht schimmerte die Lampe des Knaben, welche die dichte Finsterniß erhellte und ohne deren Schein es nicht möglich gewesen wäre, auch nur einen Schritt vorwärts zu thun. Trotzdem schien Eberhard das Abenteuer nicht ohne Gefahr; ein unvorsichtiger Schritt, ein Straucheln des Fußes konnte ihn rettungslos in die Tiefe stürzen und wenn das schwache Licht erlosch, war er verloren.

Aber die Sicherheit seines Führers flößte ihm Vertrauen ein; er wollte sich nicht von dem Kinde beschämen lassen, das sorglos, mit dem glücklichen Leichtsinn der Jugend an dem schwindelnden Abgrund vorüberzog, an den schlüpfrigsten Stellen ihm vorsichtig die freie Hand reichend.

So mochten sie einige Minuten gegangen sein, als sie plötzlich in eine Höhle kamen, die selbst dem kundigen Mineralogen einen Ausruf der Bewunderung entlockte und ihn unwillkürlich an Aladin's Wunderlampe oder an die berühmte blaue Grotte auf der Insel Capri erinnerte.

Das blitzte und schimmerte, funkelte und glänzte, als wenn Millionen Edelsteine, Diamanten, Smaragde und Saphire die Wand bekleideten. Gleich fabelhaften Bäumen eines Zaubergartens, die statt der Früchte Juwelen tragen, stiegen die Säulen von Erz empor, deren Zweige von blauen und grünen Krystallen gebildet wurden, das Licht der kleinen Grubenlampe tausendfältig wiederstrahlend.

In allen Winkeln und Ecken der Höhle standen und lagen die wunderbarsten, phantastischesten Gebilde; bald glaubte man einen Heiligenschein von Lasur, bald einen Altar mit brennenden Flammen zu erblicken, dort blitzte aus der Dunkelheit eine Strahlenkrone, hier funkelte ein Geschmeide, wie es keine Fürstin besaß, und zahllose helle Sterne strahlten von der Decke nieder.

Das in der Mitte der Höhle angesammelte Grubenwasser trug durch seine blaue Farbe nur noch dazu bei, den zauberhaften Eindruck zu erhöhen, indem von ihm ein phosphorisches Licht sich verbreitete.

Nachdem sich Eberhard von seinem Erstaunen er=
holt hatte, erwachte sein wissenschaftliches Interesse, das
er durch eine genaue Durchforschung der Höhle nach
allen Seiten hin zu befriedigen suchte. Seinem Scharf=
blick entging daher auch nicht, daß wahrscheinlich durch
einen glücklichen Zufall die unterirdischen Gewässer
einen Abzug mit der Zeit gefunden und der Schacht
dadurch wieder zugänglich geworden sei.

Daß dieses für ihn so wichtige Ereigniß verborgen
geblieben war, ließ sich wohl durch den Umstand er=
klären, weil seit dem Tode seines Onkels Niemand sich
um das verfallene Bergwerk kümmerte und kein Interesse
daran hatte. Der Einzige aber, welcher in den Schacht
gelangte, war ein unmündiger Knabe, der keine Ahnung
von der Wichtigkeit einer solchen Entdeckung haben
konnte.

Für diese Annahme schien auch die Menge und
Schönheit der Krystalle zu sprechen, die sich gewöhnlich
durch Niederschlag aus dem Wasser zu bilden pflegen;
auch die blaue gesättigte Farbe des Letzteren deutete
auf einen solchen Vorgang, der noch durch das hörbare
Rauschen in der Tiefe unterstützt wurde, wo sich wahr=
scheinlich der unterirdische Kanal befand, dem das be=
reits aufgegebene Bergwerk seine Rettung vor dem un=
ausbleiblichen Untergang verdankte.

Jetzt handelte es sich nur noch darum, die Mäch=

tigkeit des Ganges und den Gehalt des vorhandenen
Erzes zu prüfen, um darnach zu bemessen, ob sich die
Wiedereröffnung des verlassenen Schachtes lohne. Wenn
dies aber der Fall war, so stand Eberhard vor einer
großen Wendung seines Schicksals. Seine Thätigkeit
fand hier ein angemessenes Feld, eine segensreiche Be=
schäftigung, die ihn nothwendiger Weise in dem Städt=
chen festhalten mußte. Augenblicklich fehlte ihm die
Zeit, vor Allem aber die nöthigen Mittel, um eine
derartige Untersuchung vorzunehmen, zu der er eines
weitläufigen chemischen Prozesses bedurfte. Er begnügte
sich daher, nur einige besonders dazu geeignete Erz=
stufen einzustecken, worauf er mit dem Knaben den
Rückweg antrat, mit der Absicht, so bald als möglich
wieder das Bergwerk aufzusuchen, um mit den unent=
behrlichen Instrumenten an Ort und Stelle weitere
Nachforschungen anzustellen.

Vor Allem mußte ihm aber jetzt daran liegen,
seinen überraschenden Fund so geheim als möglich zu
halten, da ihm sonst ein Anderer zuvorkommen konnte.
Nach dem Gesetze stand es nämlich Jedem frei, einen
verfallenen und aufgegebenen Schacht, wenn eine
gewisse Frist verstrichen, wieder aufzuschließen und
gegen eine verhältnißmäßig geringe Abgabe an den
eigentlichen Besitzer die unterirdischen Schätze daraus zu
heben.

Wollte Eberhard den zu erwartenden Gewinn aus seiner Entdeckung nicht einbüßen, so hatte er keine andere Wahl, als sein Geheimniß vor aller Welt zu bewahren und darüber die strengste Verschwiegenheit zu beobachten. Der einzige Mitwisser war jener Knabe, dessen Stillschweigen über die ganze Angelegenheit er sich jetzt zu sichern suchte.

„Du hast das Geld redlich verdient," sagte er freundlich, „und ich bin mit Dir so zufrieden, daß ich Dich in meine Dienste nehmen und für Dich sorgen will, unter der Bedingung, daß Du mit keinem Men= schen über unsern Besuch in der Höhle sprichst."

„Das wird mir nicht einfallen. Wenn die Leute erst wissen, wo ich die schönen Krystalle herhole, dann wäre es ja auch mit meinem Handel zu Ende."

„Du sollst auch nicht mehr dem Kaufmann Krystalle bringen," versetzte Eberhard vorsichtig.

„Ja, wovon soll ich denn mit meiner Mutter leben? Das geht nicht; wir können doch nicht hun= gern?"

„Im Gegentheil, Du wirst fortan, wenn Du mir treu dienen und folgen willst, so viel bekommen, daß Ihr bequem leben könnt."

„Ist das wirklich Ihr Ernst?" fragte der Knabe, von dem großmüthigen Anerbieten überrascht.

„Ich werde selbst mit Deiner Mutter sprechen und

ihr den Vorschlag machen. Wenn sie einwilligt, so kannst Du gleich mit mir gehen."

„Meine Mutter wird gewiß nichts dagegen haben, weil wir so arm sind. Sie wollte schon längst, daß ich mir einen Dienst suchen sollte, aber Niemand mochte mich annehmen, weil ich gar zu klein und schwach bin. Das hat sie sehr betrübt, weil sie das Herumstreichen nicht leiden kann; denn Müßiggang ist aller Laster Anfang, sagt meine Mutter."

„Sie scheint mir eine recht verständige und brave Frau zu sein."

„Das ist sie," bekräftigte der Knabe mit leuchtenden Augen. „Sie arbeitet und schafft den ganzen Tag, obgleich sie meist krank und elend ist. Seit dem Tod des Vaters, der auch ein Bergmann war, kann sie sich nicht erholen. Er ist am Nervenfieber gestorben, und die Mutter hat es auch gehabt nnd wäre gewiß auch gestorben, wenn nicht die gute Frau Professorin und Fräulein Agnes sich ihrer angenommen und sie gepflegt hätten, ohne Furcht vor der Ansteckung, als die ganze Nachbarschaft Angst hatte, unser Haus zu betreten."

„Wohnt nicht die Professorin mit ihrer Tochter gegenüber von dem Hause des Berggeschworenen Trautwein?" fragte Eberhard, das kindliche Geplauder unterbrechend.

„Ganz recht! Früher hat die Mutter bei der Frau
Professorin gewaschen und die Aufwartung besorgt.
Solche gute Menschen giebt es gar nicht mehr in der
Welt. Was sie haben, schenken sie den Armen und
das Fräulein kommt jede Woche einigemal zu uns und
bringt der Mutter Suppen zur Stärkung, und zu
Weihnachten da hat sie mir einen großen Pfefferkuchen
und ein schönes Buch geschenkt, daß ich gewiß schon
zwanzig Mal durchgelesen habe."

Unter diesen Gesprächen, deren Inhalt Eberhard
lebhaft zu interessiren schien, war er mit seinem kleinen
Begleiter, der Hans Wendel oder kurzweg der
Grubenhans hieß, allmählig zu der kleinen Hütte
gelangt, worin die Wittwe wohnte. Trotz der großen
Dürftigkeit herrschte in der niederen Stube eine auffallende Sauberkeit und wohlthuende Ordnung.

Ueber das bleiche, leidende, aber Vertrauen erweckende Gesicht der armen Frau flog ein heller Freu-
denstrahl, als der Knabe ihr sein Glück verkündigte
und sie mit dem Anerbieten seines Begleiters bekannt
machte, der die Worte des Grubenhans freundlich bestätigte.

„Das lohne Ihnen Gott," sagte sie sichtlich erfreut, „was sie an meinem Kinde thun. Er ist ein
guter Junge, ehrlich und treu wie sein seliger Vater.

er sich so zwecklos herumtreibt; nun aber kann ich wohl ganz ruhig sein, da ich ihn in so guten Händen weiß. Sie werden gewiß nichts Unbilliges von ihm verlangen und Nachsicht mit dem armen Kinde haben, das freilich noch so schwach ist."

„Sie dürfen mir den Knaben ruhig anvertrauen. Er soll es bei mir gut haben, so lange er seine Schuldigkeit thut. Die Arbeit, wozu ich ihn brauchen will, ist nicht schwer und wird ihm gut bezahlt werden. Ich mache nur die einzige Bedingung, daß er über mich und mein Thun nichts verlauten läßt, und auch Sie werden mir einen großen Gefallen thun, wenn Sie mit Keinem weiter darüber reden, da ich wünsche, daß der Zweck meines Aufenthalts nicht bekannt wird."

„Darauf können Sie sich verlassen," erwiederte die verständige Frau. „Ich bin keine Freundin von unnützen Reden, und wir verkehren weiter mit keinem Menschen, außer mit der Frau Professorin und Fräulein Agnes, die ebenso zurückgezogen leben und sich nicht um die Angelegenheiten fremder Leute kümmern. Für den Jungen kann ich mich verbürgen, daß er nicht den Mund aufthut, wenn Sie es ihm verbieten."

Nachdem Eberhard noch mit der Wittwe den Lohn des Knaben in einer Weise festgestellt hatte, die ihre kühnsten Erwartungen übertraf, entfernte er sich mit dem Grubenhaus, begleitet von den Segenswünschen und guten Ermahnungen, welche die erfreute Frau ihrem Sohne in dem neuen Dienst mitgab.

Im Vorübergehen traten Beide in die Mohren=Apotheke ein, um einige chemische Präparate einzukaufen, die Eberhard zu seinen mineralogischen Untersuchungen brauchte. Herr Schilling, der selbst die verlangten Droguen abwog, war nicht wenig darüber erstaunt, daß ein Fremder eine solche Menge verschiedener Stoffe verlangte, die zum Theil sehr theuer waren und nur selten verlangt wurden.

Von Natur mit einer gehörigen Portion Neugierde begabt, hätte er gar zu gern etwas Näheres über die Person und die Absichten des unbekannten Herrn er=fahren. Zu diesem Zwecke suchte der schlaue Apotheker ein Gespräch mit Eberhard anzuknüpfen, das ihn je=doch keineswegs befriedigte, da der Fremde auf alle Fragen und zuvorkommende Bemerkungen entweder gar nicht, oder nur ausweichend antwortete.

So viel konnte jedoch Herr Schilling aus dieser kurzen Unterhaltung entnehmen, daß er es mit einem unterrichten Fachmann zu thun hatte, der mit der Chemie eben so gut, wo nicht besser Bescheid wußte, wie er selbst. Dieser Umstand und das verschlossene Wesen des Unbekannten kam ihm aber höchst verdächtig vor. Am meisten aber verdroß es ihn, daß der Fremde sich gleich wieder entfernte, ohne ihm seinen Namen und den Zweck seiner chemischen Einkäufe trotz wieder= holter versteckter Aufforderungen zu verrathen.

Dahinter konnte nur ein dunkles Geheimniß, wo nicht gar eine verbrecherische Absicht stecken. In diesen Vermuthungen wurde der Apotheker noch von seiner würdigen Mutter bestärkt, der er sogleich den wichtigen Vorfall mit seinen daran sich knüpfenden Befürchtungen erzählte, um ihre Ansicht darüber zu hören.

Die verwittwete Frau Salzinspektor Schilling galt aber in dem ganzen Städtchen für die klügste Frau und war wegen ihres Scharfsinnes eben so berühmt, wie wegen ihrer bösen Zunge gefürchtet. Selbst der allmächtige Bürgermeister Schnipper hatte Respekt vor ihrem feinem Verstande und ihrer energischen Natur; weßhalb er sie bald mit einer Semiramis oder Katha= rina von Rußland halb im Scherz, halb im Ernst ver= glich.

Sie führte auch in der That das Regiment im Hause, und Herr Schilling beugte sich vor ihrer geisti= gen Ueberlegenheit, die sie trotz ihrer ungemessenen und blinden Liebe für ihren Sohn bei jeder Gelegen= heit geltend machte und zu behaupten wußte. Auch in diesem Falle lauschte er ehrerbietig auf den Ausspruch des mütterlichen Orakels, nachdem er ihr seine Be= denken mitgetheilt hatte.

„Dahinter-steckt etwas," sagte die kluge Frau, indem sie ihren Zeigefinger an die spitze Nase legte.

„Ja, dahinter steckt etwas," wiederholte Herr Schilling als getreues Echo seiner Mutter.

———

Drittes Kapitel.

Ein Kaffeeklatsch.

———

Eine Woche war vergangen, ohne daß sich Eberhard um die Bewohner des Städtchens weiter bekümmerte, da ihn seine Entdeckung ausschließlich in Anspruch nahm, so daß er nicht das geringste Bedürfniß empfand, einen Menschen zu sehen und zu sprechen.

Vom frühen Morgen bis zum späten Abend war er mit seinen chemischen Arbeiten beschäftigt, indem er die aus dem verfallenen Bergwerk entnommenen Erze und Krystalle einer wissenschaftlichen Prüfung unterwarf. Zu diesem Behufe benutzte er verschiedene Retorten, Gläser und Instrumente, die sich in dem Nachlasse des verstorbenen Berggeschworenen vorfanden. Bei diesen Operationen war ihm allein der Gruben-hans behülflich, der eine merkwürdige Anstelligkeit zeigte und ihm die besten Dienste leistete.

Mit Hülfe des Knaben richtete Eberhard die nicht

gebrauchte Küche zu einem Laboratorium ein, wo er
fleißig analyſirte, filtrirte und probirte, im Feuer
Schmelzungsverſuche und andere wichtige Prozeſſe an=
ſtellte, um das gewünſchte Reſultat zu erzielen, von
deſſen Gelingen er ſeine ferneren Lebenspläne und
Entſchlüſſe abhängig machte.

Um nicht geſtört zu werden und weil ihm die Be=
wahrung ſeines Geheimniſſes vor Allem am Herzen
lag, ſchloß er ſich mit dem Grubenhans in der Küche
ein, da er wohl mit Recht die Neugierde und Schwatz=
haftigkeit der alten Wirthſchafterin fürchtete. Die wür=
dige Frau nahm dieſen Mangel an Vertrauen ihm
höchlichſt übel, und ſetzte darum alles in Bewegung,
hinter das ihr vorenthaltene Geheimniß zu gelangen.

Ihre Verſuche, den Grubenhannes auszuforſchen,
ſcheiterten leider an der Verſchwiegenheit, oder, wie ſie
meinte, an der Verſtocktheit des Knaben, der, ſeinem
Verſprechen treu, allen Verlockungen der neuen Eva
hartnäckig widerſtand. Da ſie aus dem Jungen nichts
herausbringen konnte, ſo legte ſie ſich fleißig auf eigenes
Spioniren, wozu ſie das Schlüſſelloch benutzte, um
ihre brennende Neugierde zu befriedigen.

Wenn ſie auch nicht recht klug aus dem Treiben
in der verſchloſſenen Küche wurde, ſo gelangte ſie doch
zu dem Schluſſe, daß es ſich dabei um höchſt gefähr=
liche und unerlaubte Dinge handelte, da ſie ſich ſonſt

diese Heimlichkeiten und das strenge Verbot, das Labora=
torium unter keiner Bedingung zu betreten, nicht er=
klären konnte. Hätte Eberhard sich nicht vor der
Oeffentlichkeit zu scheuen, so brauchte er sich auch nicht
vor ihr zu verschließen, dachte Frau Lehmann mit an=
erkennungswerther Logik.

Diese Ueberzeugung der tief gekränkten Wirthschaf=
terin fand noch einen mächtigen Anhalt und Wider=
hall in der öffentlichen Meinung des Städtchens. Trotz=
dem oder vielleicht weil Eberhard schon acht Tage in
dem Orte verweilte, ohne einen Bewohner desselben
zu kennen, beschäftigte man sich mehr mit seiner Per=
son, als er ahnen konnte.

Seine Gegenwart war nicht unbemerkt geblieben
und seine auffallende Zurückgezogenheit erregte ein all=
gemeines Vorurtheil gegen einen Menschen, der es
wagte, gegen das Herkommen und die gute Sitte zu
verstoßen, indem er weder dem Herrn Bürgermeister
seine pflichtschuldige Visite, noch den Honoratioren seine
Aufwartung machte.

Von Tag zu Tag hatten die höheren Gesellschafts=
kreise und bevorzugteren Familien seinem Besuch ent=
gegengesehen, und in dieser Erwartung die Fußböden
neu bohnen und frische Gardinen anstecken lassen, ohne
daß der rücksichtslose Patron, wie ihn bereits der Herr
Bürgermeister im Schooße der Seinigen vertraulich

nannte, auch nur die geringste Notiz von all diesen Vorbereitungen nahm.

Besonders erzürnt waren die holden Damen des Städtchens, darunter die würdigen Mütter, welche mit einer genügenden Anzahl heirathsfähiger Töchter gesegnet waren und sich deßhalb für den Erben des bekannten Berggeschworenen Trautwein interessirten.

Alle diese verletzten Empfindungen und getäuschten Erwartungen fanden ihren nur gerechtfertigten und natürlichen Ausdruck in dem Damenkränzchen, das sich umgehend in jeder Woche bei den betheiligten Frauen zu versammeln pflegte. Gerade in dieser Woche hielt die Reihe an der verwittweten Salzinspektorin Schilling, der Semiramis oder Katharina des Städtchens, deren Kaffees weltberühmt waren, da sie stets dieselben mit pikanten Neuigkeiten zu würzen verstand.

Um den runden Tisch, woran die kluge Frau selbst präsidirte, saßen die feinsten Damen des Ortes in ihrem besten Staate, die Bürgermeisterin und ihre Tochter Hulda, mit ihren Schmachtlocken, die Frau Syndikus Ohnesorge und die Frau Stadtrichter Gansauge, die Frau Postmeisterin Schneller und die Frau Rektorin Cyprian, die zwar nicht zu den eigentlichen Honoratioren mitzählte, aber wegen ihrer Bildung als ehemalige Gouvernante und wegen ihrer freundschaftlichen Verhältnisses zu der gräflichen Familie, in der

sie mehrere Jahre als Erzieherin gelebt, ausnahms=
weise geduldet wurde.

Nach den üblichen Begrüßungen, Umarmungen,
Küssen, Händebrücken und Freundschaftsversicherungen
wurde das Gericht der heiligen Vehme gegen die Uebel=
thäter im Umkreise des Weichbildes eröffnet, während
die silbernen Theelöffel schauerlich dazu klirrten und die
Tassen gleichsam das Zähneklappern der Verdammten
symbolisch andeuteten.

Zuerst kamen die kleinen Sünder dran, männliche
und weibliche Dienstboten, Commis und andere unter=
geordnete Subjekte, über die summarisch abgeurtheilt
wurde. Die Frau Rektor Cyprian verwaltete dabei
das Amt des öffentlichen Anklägers, indem sie über
den zunehmenden Luxus und die Sittenlosigkeit des
Gesindes im Allgemeinen und ihrer Köchin insbesondere
eine wahrhaft erbauliche Rede hielt, wobei ihr die Frau
Postmeisterin trefflich sekundirte.

Hierauf wurden einige schwerere Verbrecher abge=
than, die Bäcker, welche das Brod zu klein machten,
und die Schlächter, die auf zwei Pfund Fleisch ein
halbes Pfund Knochen als Zugabe auflegten. Auch
der Kaufmann an der Ecke erhielt sein gehöriges Theil
wegen des schlechten Ellenmaaßes und weil das Barège=
kleid der Frau Stadtrichter in der Wäsche die Farbe
verloren hatte. Nebenbei zog man über die subalternen

Beamten, besonders über den Aufwand ihrer Weiber her; was gewiß nicht mit rechten Dingen zugehen konnte.

Als auch dieser Gegenstand erschöpft war, trat eine nothwendige Pause ein, die durch das Herumreichen von süßem Damenwein und Makronentorte ausgefüllt wurde. Nachdem sich der weibliche Gerichtshof durch Speise und Trank hinlänglich gestärkt hatte, begann die eigentliche Verhandlung gegen den Hauptschuldigen, wozu die Frau Salzinspektor Schilling als Ehrenpräsidentin das Zeichen mit ihrer scharfen Zunge gab.

„Wie ich Ihnen bereits mitgetheilt habe," sagte sie zu der Bürgermeisterin, „erscheint mir dieser Doktor Eberhard mit jedem Tage verdächtiger."

„Haben Sie denn etwas Neues über ihn erfahren?"

„Ich denke, die vorhandenen Thatsachen rechtfertigen mehr als hinreichend mein Mißtrauen. Ist es nicht unverzeihlich, daß dieser Mensch bereits länger als einer Woche sich in unserer Mitte aufhält, ohne es der Mühe werth zu halten, den angesehenen Familien unserer Stadt einen Besuch abzustatten und sich uns vorzustellen?"

„Das hat auch mein Mann gesagt und es ihm sehr übel genommen."

würde, ein wachsames Auge auf das Individuum zu haben."

„Sie erschrecken mich, Frau Salzinspektor!"

„Ohne dem Scharfblick des Herrn Bürgermeisters zu nahe zu treten, fürchte ich, daß er die Angelegenheit zu leicht nimmt. Diese absichtliche Zurückgezogenheit, diese Vermeidung jeder Bekanntschaft, diese auffällige Verletzung der gewöhnlichen Höflichkeitsformen hat gewiß nichts Gutes zu bedeuten."

—„Das ist auch meine Meinung," bekräftigte die Frau Stadtrichter, welche von dem kriminalistischen Eifer ihres Gatten beseelt war.

„Ich verlasse mich," fuhr die Frau Salzinspektor fort, „auf meinen Instinkt, auf das weibliche Ahnungsvermögen, das häufig weiter und richtiger sieht, als das Auge des Mannes. Mein Herz sagt mir, daß man diesem Menschen nicht trauen darf, daß sich möglicher Weise unter der unschuldigen Maske des Doktors Eberhard ein großer Verbrecher verbirgt."

„Aber mein Mann," versetzte die Bürgermeisterin, „erzählt mir, daß er sich hinlänglich legitimirt habe und seine Papiere in bester Ordnung wären."

Die Papiere können gefälscht werden," erwiederte die kluge Präsidentin. „Wer kennt ihn? Kein Mensch in der ganzen Stadt, und der Justizrath Himberg,

auf den er ſich beruft, iſt verreiſt, ſo daß ihn eigent=
lich Niemand recognosciren kann."

„Daraus folgt noch nicht, daß der Doktor ein
Verbrecher iſt," bemerkte die gutmüthige, nur etwas
leichtſinnige Frau Syndikus Ohneſorge. „So ſieht
auch der junge Mann gar nicht aus."

„Das will ich auch nicht behaupten," verſetzte die
Wirthin, der Unbeſonnenen einen vernichtenden Blick
zuwerfend. „Gott behüte, daß ich von meinem Neben=
menſchen ohne Grund gleich das Schlechteſte annehmen
ſollte. Aber ich laſſe mich nicht von einer gefälligen
Außenſeite ſo leicht beſtechen. Ich halte meine Augen
offen und urtheile nur, wenn ich meiner Sache ge=
wiß bin."

„Aber wie können wir uns dieſe Gewißheit ver=
ſchaffen?" fragte die Frau Bürgermeiſterin nachdenklich.

„Das laſſen Sie meine Sorge ſein," entgegnete
triumphirend die kluge Präſidentin. „Ich hoffe Ihnen
einige wichtige und intereſſante Mittheilungen über die
Perſon und das Treiben dieſes Herrn zu machen."

„Laſſen Sie hören, reden Sie, verſchweigen Sie
uns nichts, beſte, einzigſte, liebſte Frau Salzinſpektor!"
riefen die Damen in bunter Verwirrung durcheinander,
voll geſpannter Erwartung von ihren Sitzen auf=
ſpringend und die Wirthin ſtürmiſch umringend.

„Nur noch einige Augenblicke Geduld, und Ihre

Neugierde soll befriedigt werden. Wahrscheinlich wissen
Sie bereits, wie mein Sohn zuerst die Bekanntschaft
des sogenannten Doktors in seiner Apotheke gemacht
hat, wo derselbe verschiedene chemische Präparate ein=
kaufte. Schon damals mußte das seltsame Benehmen
dieses zurückstoßenden Menschen Verdacht erregen. Die
Mittheilungen meines Sohnes veranlaßten mich, den
unheimlichen Fremden zu beobachten und über sein
Verhalten Nachforschungen anzustellen. Sobald erst
seine Persönlichkeit feststand, wendete ich mich an die
sicherste Quelle, um die gewünschte Auskunft zu er=
halten, nämlich an die Wirthschafterin des verstorbenen
Berggeschworenen.“

„Herrlich! ausgezeichnet! Das konnte nur Ihnen
einfallen!“ rief der überraschte Chor der Frauen, voll
Bewunderung für den Scharfsinn der klugen Präsi=
dentin, als wenn sie das Ei des Columbus entdeckt
hätte.

„Die ehrliche Frau, welche Ihnen hinlänglich be=
kannt ist und an deren Glaubwürdigkeit Niemand zwei=
feln wird, bestärkte mich nur in meinem Verdacht durch
ihre eigenen Angaben. Sie erzählte mir, daß sich der
Doktor Eberhard täglich vom frühen Morgen bis zum
späten Abend in der Küche einschließt und in drei
Tagen einen ganzen Sack Holzkohlen verbrannt hat.
Ist das nicht im höchsten Grade verdächtig?“

„Höchst verdächtig!" klang das Echo von allen
Seiten wieder.

„Hören Sie nur ruhig weiter! Er duldet nicht,
daß die ehrliche Wirthschafterin sein Zimmer aufräumt,
oder gar die immer verschlossene Küche betreten darf.
Statt von ihr, läßt er sich von dem Grubenhans, einem
notorischen Herumtreiber und Taugenichts, bedienen
und bei seinen geheimnißvollen Arbeiten helfen."

„Aber was treibt er denn eigentlich in seinem Ver=
steck?" fragte die Frau Bürgermeisterin aufgeregt.

„Das hat leider die gute Frau Lehmann trotz
aller anerkennungswerthen Mühe nicht ergründen kön=
nen, da der Schlingel von einem Jungen nicht den
Mund aufthut, obgleich sie alles Mögliche versucht hat,
ihn zum Sprechen zu bringen. Sie selbst hat durch
das Schlüsselloch allerdings schreckliche Dinge gesehen
und gehört, die aber leider das jedenfalls beabsichtigte
Verbrechen nicht so klar beweisen, als ich es wünsche."

„Erzählen Sie, was die Wirthschafterin gesehen
hat. Was hat sie denn gehört? Spannen Sie uns
nicht auf die Folter!" baten die Damen in höchster
Erwartung.

„So viel Frau Martha bemerken konnte, sitzt der
Doktor am geheizten Ofen und braut allerlei feuerge=
fährliche Dinge, aus denen sie leider nicht klug wird.
Manchmal riecht es in dem ganzen Hause ganz pesti=

lenzialisch nach Schwefel. Wie mir mein Sohn aber
sagt, der es doch versteht, gebraucht man Schwefel zur
Bereitung von Schießpulver."

„Er wird doch nicht die Stadt in die Luft sprengen
wollen!" bemerkte die Frau Postmeisterin Schneller im
ängstlichen Ton.

„Ich will nichts gesagt haben," fuhr die Präsidentin
des Damenkränzchens fort. „Aber Schwefel ist immer
ein gefährlicher Stoff und man kann damit großes
Unheil anrichten. Doch das ist noch nicht das Aergste;
der Doktor hat auch eine große Quantität Quecksilber
aus der Apotheke entnommen, und mit Quecksilber ist
durchaus nicht zu spaßen. Es wird daraus Knall=
Quecksilber bereitet, von dem schon eine Kleinigkeit hin=
reicht, um eine Explosion hervorzubringen, wie Sie
wohl in der Zeitung gelesen haben werden."

„Mein Gott!" rief die erschrockene Bürgermeisterin,
„der Mensch wird uns Alle noch unglücklich machen.
Das soll mein Mann auf der Stelle wissen und von
Obrigkeits wegen es ihm verbieten."

„Aber dabei sehe ich nichts Böses," meinte die un=
verbesserliche Syndikus. „Der Doktor kann ja vielleicht
zu seinem Vergnügen sich mit Anfertigung von Lust=
feuerwerken beschäftigen und dabei durchaus keine schlimme
Absicht haben."

„Zu seinem Vergnügen!" höhnte die kluge Salz=

inspektorin, über solche Beschränktheit mitleidig die
Achseln zuckend. „Feuerwerke! ein schönes Feuerwerk!
Neulich gab es einen solchen Knall im Hause, daß die
Wirthschafterin glauben mußte, das Dach wäre einge-
stürzt, und als sie voll Schreck nach der Küche eilte,
um nachzusehen, quoll ihr ein so starker, schwarzer
Rauch entgegen, daß sie fast erstickt wäre. Trotzdem
sie laut an der verschlossenen Thür anklopfte, wurde
ihr nicht aufgemacht, und als sie, wie es ihre Christen-
pflicht war, den Doktor rief, schrie ihr dieser zu: sie
möchte sich zum Teufel scheeren und sich nicht um
Dinge kümmern, die sie nichts angingen."

„Das muß ja ein wahrer Wütherich sein!" seufzte
die Postmeisterin.

„Hören Sie erst weiter! An demselben Tage be-
lauschte Frau Martha ganz zufällig ein Gespräch zwischen
dem Doktor und dem Grubenhans, wobei höchst verdächtige Redensarten vorkamen. Wenn Du, sagte
nämlich der Doktor zu dem Jungen, mir so treu wie
bisher dienst und verschwiegen bleibst, so werde ich
für Dich und Deine Mutter sorgen. Wie kommt er
dazu, dem Grubenhans solche große Versprechungen zu
machen, wenn er nicht gezwungen wäre, um jeden
Preis das Stillschweigen seiner Mitschuldigen zu er-
kaufen? Das ist doch klar wie der Tag."

„Gewiß ist das klar wie der Tag," pflichtete die

kriminalistische Stadtrichterin bei, „obgleich die eigentliche
Natur des beabsichtigten Verbrechens sich in ein tiefes
mysteriöses Dunkel hüllt. Um ihn fassen zu können,
muß man doch vor Allem Gewißheit haben."

„Da steckt eben der Haken," entgegnete die verwittwete Frau Salzinspektor. „Trotz aller Mühe, die
ich mir gegeben habe, trotz aller Anstrengungen der
Frau Lehmann konnte ich bis jetzt nicht dahinter kommen. Aber noch ist nicht aller Tage Abend, und was
auch noch so fein gesponnen, kommt endlich doch an
die Sonnen. Ich sage Ihnen, wir werden nächstens
noch etwas erleben."

Mit dieser geheimnißvoll klingenden Drohung schloß
das weibliche Vehmgericht des Städtchens die für Eberhard so verhängnißvolle Sitzung, von deren schauer-
licher Bedeutung er auch nicht die geringste Ahnung
hatte.

Viertes Kapitel.

Stillleben.

Statt aber Reue über sein unverzeihliches Betragen zu empfinden und durch rechtzeitige Buße das drohende Strafgericht abzuwenden, verharrte der verstockte Sünder in seiner unerklärlichen Verblendung, indem er auch jetzt noch zögerte, die pflichtschuldigen Visiten abzustatten und sich von dem auf ihm haftenden Verdachte zu reinigen.

Nach wie vor arbeitete er in der verschlossenen Hexenküche an seinen wissenschaftlichen Untersuchungen, bis er endlich zu seiner freudigen Ueberraschung die kaum gehoffte Ueberzeugung erlangte, daß der verlorene Schacht noch immer die reichsten unterirdischen Schätze in seinem Schooße barg.

Die geprüften Erzstufen erwiesen sich als überaus ergiebig und das Resultat seiner sorgsamen Analyse übertraf seine kühnsten Erwartungen. Seine Remühungen waren von dem günstigsten Erfolg gekrönt, so daß er jetzt ernstlich daran dachte, die Arbeiten in dem verschütteten Bergwerk wieder aufzunehmen, nach= dem auch die letzten Zweifel über den Werth desselben beseitigt waren.

Es handelte sich nur noch darum, die Stärke und Mächtigkeit des Erzlagers zu erforschen, so weit dies seine mineralogischen Kenntnisse gestatteten. Zu diesem Behufe beschloß er noch einmal, in Begleitung des Grubenhans, der sich ihm immer unentbehrlicher zu machen wußte, in den Schacht hinabzusteigen.

Beide verweilten mehrere Stunden in dem Berg= werk, das sie nach allen Seiten durchsuchten, um sich die gewünschte Gewißheit zu verschaffen; was allerdings mit großen Schwierigkeiten verbunden war, da die ihnen zu Gebote stehenden Hülfsmittel nicht ganz aus= reichend waren; weßhalb Eberhard beschloß, noch das Gutachten eines praktischen Bergmannes einzuziehen.

Auf Befragen theilte ihm der Grubenhans mit, daß in der Nähe ein alter, wegen seiner Kenntnisse und Tüchtigkeit bekannter Steiger wohnte, über den ihm die Mutter nähere Auskunft geben könnte. Eber= hard gefiel dieser Vorschlag um so mehr, da er zugleich von dem Knaben hörte, daß der betreffende Bergmann früher im Dienste des verstorbenen Onkels gestanden und in der eingegangenen Grube gearbeitet habe.

Um jedoch genauere Erkundigungen über den Aufent=
halt und besonders über die Zuverläſſigkeit des ihm
empfohlenen Steigers einzuziehen, gedachte er auf dem
Rückweg in die Hütte einzutreten und die Mutter des
Grubenhans aufzuſuchen, mit deren Mann der Steiger
früher genau bekannt und ſogar befreundet war.

Hoch erfreut begrüßte die arme Wittwe den Herrn
und Wohlthäter ihres Sohnes, indem ſie ihm den von
ihm verlangten Beſcheid gab und beſonders dem Cha=
rakter des Steigers das beſte Lob ertheilte, ſo daß
Eberhard keinen Anſtand nahm, ſich ihm anzuvertrauen.
Sie ſelbſt erbot ſich, den in der Nachbarſchaft befind=
lichen Bergmann in ihre Hütte zu beſtellen, wo Eber=
hard unbeobachtet und ungeſtört mit ihm verhandeln
konnte, da ihm daran liegen mußte, kein Aufſehen zu
erregen.

Während er mit der dankbaren Frau noch die nähe=
ren Verabredungen traf, hatte ſich der bisher ganz
heitere Himmel plötzlich mit dunklen Wolken umzogen
und der helle Horizont verdüſtert. Ein Gewitter war
mit jener Schnelligkeit aufgeſtiegen, wie das in Ge=
birgsgegenden nicht ſelten zu geſchehen pflegt.

Von Zeit zu Zeit beleuchtete ein greller Blitz die
dunkle Stube und der Donner rollte dumpf in den
nahen Bergen; ſchon fielen einzelne ſchwere Regen=
tropfen, ſo daß Eberhard der Aufforderung der beſorgten

Wittwe gern Folge leistete, so lange zu verweilen, bis sich das Unwetter verzogen haben würde.

Gerade als der Sturm losbrach, öffnete sich die Thür der niederen Stube, um der ebenfalls von dem Gewitter überraschten Agnes ein Obdach zu gewähren. Zum Schutz gegen den bereits niederfallenden Regen hatte sie den blonden Lockenkopf mit einem großen Tuch verhüllt, so daß Eberhard sie nicht gleich erkannte.

Auch sie bemerkte ihn nicht früher in dem finstern Zimmer, als bis sie unter heiterm Lachen die nasse Decke abwarf und neckend die Tropfen aus den goldenen Flechten schüttelte, gleich einer aus dem Wasser kommenden Najade oder einer schönen Nixe.

Bei dem Anblick des unerwarteten Gastes färbten sich unwillkürlich ihre zarten Wangen mit einem höheren Roth und der frohe Gruß erstarb auf ihren Lippen, als Eberhard sich vor ihr verneigte und sich ihr als Nachbar vorstellte.

„Ich bin Ihnen noch zu Dank verpflichtet," fügte er hinzu, „da Sie, mein Fräulein, mich zurecht gewiesen haben, als ich das Haus meines verstorbenen Onkels suchte."

„Sie sind der Neffe des Herrn Berggeschworenen Trautwein?" erwiederte sie mit sichtlicher Befangenheit.

Unwillkürlich fiel Eberhard das räthselhafte Medaillon und die eben nicht allzu freundlichen Angaben

der Wirthschafterin ein, weßhalb er dem Gespräche eine
andere Wendung zu geben suchte, da ihm seine Ver=
wandschaft mit dem alten Junggesellen nicht gerade
bei dem schönen Mädchen als Empfehlung zu dienen
schien.

Bald jedoch verschwand ihre anfängliche Verlegen=
heit, als er von seinen weiten Reisen erzählte, von
Griechenland und Italien, von der Schweiz und Frank=
reich, während sie mit großem Interesse ihm zuhörte.

„Da werden Sie sich schwerlich in der kleinen
Stadt gefallen, nachdem Sie die weite Welt kennen
gelernt haben," bemerkte Agnes dazwischen.

„Und doch,'" entgegnete er, „können Umstände
eintreten, die mich zum Bleiben veranlassen dürften,
obgleich ich ursprünglich die Absicht hatte, so bald als
möglich wieder abzureisen."

„Ich glaube, daß man sich überall glücklich fühlen
kann, wo man Liebe findet, und die findet der Mensch
überall, wenn er nur darnach sucht."

„Das mag wohl dem Weibe genügen, aber der
Mann verlangt nach einem angemessenen Wirkungs=
kreis, worin er seine Kraft bethätigen kann."

„Das ist wohl wahr," versetzte sie, „aber der tüch=
tige Mann wird sich an jedem Orte und unter allen
Bedingungen Geltung zu verschaffen wissen. Sie
werden vielleicht über mich lachen, aber ich denke es

mir gerade schön, in kleinen Verhältnissen groß zu
sein und in der Beschränkung Bedeutendes zu leisten.
Auch Cäsar wollte, wie ich aus der Geschichte weiß,
lieber der Erste in einer kleinen Stadt als der Zweite
in Rom sein."

Mit steigender Verwunderung lauschte Eberhard
den Worten der holden Agnes, die einen ungewöhn=
lichen Geist und eine hohe Bildung in all ihren Aeuße=
rungen bekundete, so daß er sich mehr und mehr zu
ihr hingezogen fühlte. Dabei erschien sie in ihrer
Unterhaltung, besonders im Verkehr mit der armen
Wittwe und mit dem Grubenhans, so kindlich und
naiv, so heiter und frisch, so einfach und natürlich, wie
er nie zuvor ein Mädchen gefunden hatte.

Selbst die ärmliche Umgebung trug noch dazu bei,
den Reiz der unerwarteten Begegnung zu erhöhen.
Sie kam ihm wie eine jener strahlenden Feen vor,
die, wo sie erscheinen, Licht und Glanz, Freude und
Glück verbreiten, während Agnes in ihm den Wohl=
thäter und Beschützer ihrer armen Freundin und Pflege=
befohlenen verehrte, die ihren Dank und ihre Erkennt=
lichkeit zwischen Beiden theilte und dadurch die ver=
trauliche Annäherung unbewußt förderte.

Unter solchen Umständen genügen Minuten und
Augenblicke, um die Herzen zu erschließen und einander
näher zu bringen, als dies sonst in Wochen und Mo=

naten geschieht. Während draußen der Regen rauschte,
der Sturm um den baufälligen Schornstein brauste
und der Donner über dem morschen Dache rollte,
saßen in der engen niederen Stube zwei Glückliche,
die Brust voll hellen Sonnenscheins und duftender
Frühlingsblüthen.

Beide sprachen mit einander, als ob sie schon seit
Jahren mit einander bekannt wären, als hätten sie
sich nur zufällig nach kurzer Trennung hier wiederge-
funden, um sich nie mehr zu verlassen, als gehörten
sie zu einander wie das Schwalbenpaar, von dem die
liebliche Agnes die wunderbarsten Dinge zu berichten
wußte, von der Geschicklichkeit und der Baukunst der
klugen, munteren Vögel erzählend, während er ihr zuhörte, als ob sie ihm die Offenbarungen der höchsten
Weisheit verkündigte.

Unwillkürlich fiel ihm das schöne Lied von Rückert
ein: „Aus der Jugendzeit“, und er dachte an seine
Mutter, die so oft ihm gesungen:

„Als ich Abschied nahm, als ich Abschied nahm,
War die Welt mir voll so sehr;
Als ich wieder kam, als ich wieder kam,
War Alles leer.
Wohl die Schwalbe kehrt, wohl die Schwalbe kehrt,
Und der leere Kasten schwoll;
Ist das Herz geleert, ist das Herz geleert,
Wird's nicht mehr voll.“

Unterdeß hatte das Gewitter ausgetobt, der Regen nachgelassen. Um nicht die Mutter durch ihr längeres Ausbleiben zu beunruhigen, schickte sich Agnes sogleich an, die Hütte zu verlassen. Natürlich bot sich ihr Eberhard höflich zum Begleiter an, wozu sie auch ohne jede Ziererei gern ihre Erlaubniß gab, da es bereits dunkelte. Durch den vorangegangenen Regen war die Straße etwas aufgeweicht und stellenweise schlüpfrig geworden, so daß es nun seine Pflicht war, ihr zur Unterstützung seinen Arm zu reichen; was sie ebenfalls durchaus nicht übel nahm.

Gefolgt von dem Grubenhans, wanderten sie so nach Hause durch die von dem Gewitter erfrischte Frühlingslandschaft. Aus dem erquickten Erdreich stieg ein berauschender Duft empor, die Berge dampften, in den Bäumen flüsterte der Abendwind und schüttelte neckend die schweren Tropfen auf sie nieder, wie ein muthwilliger Knabe in den feuchten Zweigen spielend.

Ihr Herz war zu bewegt, um viel zu sprechen, und doch kam ihnen der Weg viel zu kurz vor, so daß sie noch vor der Thür des Hauses stehen blieben, wo Agnes wohnte, als hätten sie sich noch Alles zu sagen, wofür sie doch keine Worte finden konnten.

Es war gewiß nur schicklich, daß Agnes ihren Begleiter aufforderte, eine Tasse Thee bei ihrer Mutter zu trinken, die sich nur freuen würde, seine Bekannt-

schaft zu machen, und doch stotterte sie verlegen, als
sie ihre Einladung vorbrachte, und ihre zarten Wangen
errötheten; was Eberhard aber wegen der eingetretenen
Dunkelheit nicht bemerkte.

Da er aber ein zu gut erzogener Mann war, um
einem so schönen Mädchen einen Korb zu geben, so
nahm er ihre freundliche Einladung an, obgleich er be=
fürchten mußte, aus verschiedenen Gründen der Frau
Professor Walther lästig zu fallen.'

Zu seiner größten Ueberraschung empfing ihn je=
doch die würdige Matrone so wohlwollend und herzlich,
daß er zu der Ueberzeugung kam, die gute Frau Martha
Lehmann habe ihn belogen, oder sich geirrt, als sie ihm
von einem feindlichen Verhältnisse zwischen der Pro=
fessorin und seinem verstorbenen Onkel berichtete.

Zwar glaubte er zu bemerken, daß bei Nennung
seines Namens und Erwähnung seines verwandschaft=
lichen Verhältnisses sich das klare und noch immer schöne
Gesicht seiner Wirthin ein wenig verdüsterte und sie leise
zusammenzuckte, aber eben so schnell war der aufsteigende
Schatten wieder verschwunden, indem sie ihm lächelnd
die Hand reichte und ihn mit sichtlicher Herzlichkeit will=
kommen hieß, so daß alle seine Befürchtungen in dieser
Hinsicht ihm völlig unbegründet schienen.

Dagegen fühlte er sich hier bald so heimisch, als
ob er ein alter Bekannter und Freund der Familie sei.

Besonders berührte ihn der vertrauliche und doch so freie Ton der Professorin äußerst angenehm, deren ganzes Wesen und Sprechen ihn unwillkürlich an seine verstorbene Mutter erinnerte. Es war ihm, als ob er sie schon früher, als er noch ein Knabe war, gesehen, oder von ihr gehört hätte, woran wohl das in seinen Händen befindliche Medaillon Schuld haben mochte.

Er hätte gar zu gern etwas Näheres über die Vergangenheit der Professorin erfahren, aber doch war seine Bekanntschaft noch zu neu, um eine darauf bezügliche Frage an sie zu richten, obgleich er sich lebhaft für die Schicksale der würdigen Frau interessirte, besonders seitdem er Agnes näher kennen gelernt hatte.

Nur so viel konnte er aus ihren eigenen Mittheilungen entnehmen, daß sie früher in besseren Verhältnissen gelebt und seit dem Tode ihres Gatten die Residenz verlassen hatte, da ihre geringe Pension ihr nicht gestattete, länger in der großen Stadt zu leben.

„Und was bestimmte Sie," fragte Eberhard, „gerade diesen abgelegenen Ort zu wählen, der doch, wie ich glaube, so wenig Einladendes für eine Frau von Ihrer Bildung und Ihren Ansprüchen haben konnte?"

„Der Wunsch Ihres Onkels, der mein Jugendfreund war und den ich um Rath fragte," versetzte die Professorin unbefangen.

„Hoffentlich haben Sie diesen Schritt nicht zu be=
reuen gehabt."

„Wenigstens trifft die Schuld mich nur allein,
wenn ich mich zu beklagen habe. Ihr Onkel hat es
gut mit mir gemeint, besser als ich es um ihn ver=
dient habe. Trotz aller Launen und Wunderlichkeiten
war er ein edler Mann, dem ich meine höchste Achtung
nicht versagen kann. Sein Andenken wird mir stets
werth und theuer sein, wenn sich auch manche schmerz=
liche Erinnerung daran knüpft."

Zu seinem Bedauern unterbrach die Professorin ihre
interessanten Mittheilungen, als Agnes mit dem Thee
erschien. Sie selbst schenkte ihm ein und präsentirte
ihm die Tasse mit der liebenswürdigsten Grazie, wobei
ihre Hände die seinigen elektrisch berührten.

Noch nie hatte ihm der Thee so gut geschmeckt,
noch nie war ihm die Zeit so schnell vergangen als in
der Gesellschaft der beiden gebildeten Frauen, die so
anmuthig sich zu unterhalten, so sinnig zu hören, so
klug zu fragen wußten.

Zum ersten Mal seit langer Zeit empfand er wie=
der das Glück einer stillen Häuslichkeit, das er seit
dem Tode seiner Mutter entbehrte. Der milde Schein
der Lampe auf dem Tisch, der mit einem weißen Tuch
bedeckt war, das melodische Kochen und Summen der

Stimmung, selbst die alten, einfachen Möbel, der hohe Lederstuhl, worin er saß, die altmodischen Schränke und Kommoden grüßten ihn wie gute Freunde.

Seit Jahren war Eberhard herumgeirrt von Land zu Land, von Stadt zu Stadt, ohne Ruhe zu finden, und hier in dem traulichen, engen Stübchen war ihm so wohl zu Muthe, daß er keinen andern Wunsch kannte, als immer da zu bleiben und so still und zufrieden an der Seite der beiden liebenswürdigen Frauen zu sitzen, in freiwilliger, selbstgewählter Beschränkung.

Er kam sich wie verwandelt vor und glaubte nur zu träumen, bis das Pfeifen des Nachtwächters ihn mahnte, daß es Zeit sei, sich zu empfehlen. Selbstverständlich forderte die Professorin ihn auf, gute Nachbarschaft zu halten und seinen Besuch zu wiederholen, und selbstverständlich versprach er, von dieser gütigen Erlaubniß Gebrauch zu machen; woran auch kein Mensch zweifelte, am wenigsten aber die holde Agnes, welche seinen Worten ein unbedingtes Vertrauen schenkte.

Ihre scharfsinnigen Vermuthungen und geheimen Hoffnungen auf die Zuverlässigkeit seines Charakters sollten sie auch nicht täuschen, indem Eberhard jetzt von selbst den Weg zu der Wohnung der Frau Professorin fand, wo er meist seine Abende verlebte. Bald war er der tägliche Gast der beiden Frauen, und es mochte wohl die Macht der Gewohnheit sein, daß er kaum die Stunde erwarten konnte, wo er sie besuchen durfte.

Aber auch dem lieben Mädchen klopfte natürlich nun aus demselben Grunde das kleine Herz, wenn sie seinen Schritt auf der Treppe erkannte, und wenn die Klingel an der Thür schallte, fuhr sie freudig erschrocken von ihrem Stuhl empor, so daß die kluge Mutter sie verwundert anschaute, während sie erröthend ihre Arbeit wieder aufnahm und sich über die unterbrochene Stickerei bückte, um ihre Verlegenheit zu verbergen.

Wenn er dann eintrat und ihr die Hand bot, nachdem er die Professorin begrüßt hatte, da erschien mit ihm zugleich ein wunderbarer Zauberer; das enge Stübchen verwandelte sich für Agnes in ein Feenschloß, der matte Schimmer der Lampe in helles Sonnenlicht und an den grauen Wänden sah sie die herrlichsten Bilder, die er mit seinen bloßen Worten heraufbeschwor.

An seiner Seite bestieg sie die höchsten Spitzen der Alpen, fuhr sie über das blaue Meer, wanderte sie im Mondschein unter den Trümmern Roms, schaukelte sie sich auf den Lagunen Venedigs, betrachtete sie entzückt die Wunder der Kunst, die Loggien des göttlichen Raphael, die erhabenen Fresken der Sixtinischen Kapelle.

Bedächtig lauschte sie mit gefalteten Händen, wäh-

renb er ihr von seinen weiten Reisen so interessant
erzählte, daß sie das Alles selbst zu sehen und mit zu
erleben glaubte. Zuweilen zog er auch ein Buch aus
der Tasche und las mit wohltönender Stimme bald
eine entzückende Schilderung der von ihm durchwan=
berten Gegenden, bald ein köstliches Bild aus der
Natur, oder ein klassisches Gedicht, an das er die tief=
sinnigsten Betrachtungen knüpfte.

Auf seine Bitten öffnete sie wohl auch das alte,
aber noch immer gut klingende Klavier und sang, in=
dem sie sich darauf begleitete, mit frischer, heller
Stimme und seelenvollem Ausdruck ein Lied von
Schubert oder Mendelssohn, welche, wie sie bereits
wußte, seine beiden Lieblinge waren.

Aber auch Scherz und Heiterkeit fehlten nicht in
dem kleinen Kreise, da Eberhard kein Kopfhänger war
und auch Agnes von Herzen lachen konnte, wie ein
fröhliches harmloses Kind, das sich noch ungetrübt des
Lebens erfreut. Je öfter er aber wiederkehrte, desto
mehr lernte er den Werth des holden Mädchens
kennen, dessen natürlichen Geist, liebenswürdige An=
muth und bescheidene Einfachheit bewundern, während
er die Professorin wegen ihrer Bildung und würdigen
Gesinnung hoch verehrte.

Seitdem er seine Abende in so angenehmer Ge=
sellschaft verlebte, fand er auch das kleine Nest, wohin

ihn der Zufall geführt, keineswegs mehr so langweilig
und unausstehlich, so daß er sich immer mehr mit
seinem Aufenthalte in demselben aussöhnte, noch dazu,
da er im Ernste daran dachte, die Arbeit in dem ver=
fallenen Bergwerk aufzunehmen und die nöthigen
Schritte dafür zu thun, sobald der von ihm bestellte
Steiger ein günstiges Urtheil abgegeben haben würde.

———

Fünftes Kapitel.

Der Falschmünzer.

Natürlich konnten diese wiederholten Besuche in dem Hause der Professorin nicht unbemerkt bleiben; bald wußte das ganze Städtchen darum, und die Neuigkeit, daß der Doktor Eberhard Abend für Abend bei der schönen Agnes Walther saß, lieferte einen willkommenen Stoff zu erbaulichen Betrachtungen und Bemerkungen.

Besonders war die Frau Salzinspektor Schilling ganz empört darüber, daß die Professorin ihrer Tochter den Umgang mit einem unbekannten, hergelaufenen und äußerst verdächtigen Mann gestattete. Für ihren Sohn, den Apotheker, schien aber endlich der Zeitpunkt gekommen, sich an der hochnäsigen Prinzessin zu rächen, die es gewagt hatte, ihm, dem reichsten und darum auch respektabelsten Mann im Orte, einen Korb zu

geben und einen notorischen Abenteurer ihm vorzu=
ziehen.

Seine würdige Mutter bestärkte ihn in diesem christ=
lichen Vorsatz, indem sie zugleich dabei die Verwirk=
lichung ihres Lieblingswunsches verfolgte, nämlich durch
eine Verbindung ihres Sohnes mit der Tochter des
Bürgermeisters den Glanz ihres Hauses und der
Mohrenapotheke zu erhöhen.

Auch Fräulein Hulda war jetzt nicht abgeneigt, dem
Apotheker ihre Hand zu reichen, da sich ihre anders
weitigen Pläne auf den Assessor Helfrich nicht realisiren
wollten, indem der Undankbare sich mit der Tochter
eines benachbarten Gutsbesitzers verlobte. Sie selbst
war aber ein viel zu vernünftiges Mädchen, um an
gebrochenem Herzen zu sterben, und zog es daher vor,
lieber einen Mann zu nehmen, der ihr weniger ge=
fiel, als gar keinen zu haben.

Unter diesen Umständen fanden die Bewerbungen
des Herrn Schilling Gnade vor ihren Augen und
Ohren, und eines schönen Tages erfuhr das Städtchen
zur größten Befriedigung aller Freunde, Verwandten,
Gevattern, Vettern und Basen, daß die beiden ange=
sehensten Familien des Ortes durch Bande der Liebe
sich mit einander liirt hatten.

Kurze Zeit nach diesem freudigen Ereignisse saß der
Bürgermeister Schnipper in seiner Amtsstube auf dem

Rathhause, als der graue Stadtsoldat eintrat und ihm ein Schreiben mit dem großen Amtssiegel der Regierung überbrachte, das so eben mit der Post angekommen war.

Zitternd vor Aufregung öffnete er den Brief der hohen Behörde, auf dem ein dick unterstrichenes Citissime stand, um zu sehen, was er enthielt. Schon seit längerer Zeit erwartete er nämlich den heiß ersehnten Orden, weßhalb er kein Schreiben der Regierung in die Hand nehmen konnte, ohne einen leichten Fieberanfall zu verspüren.

Leider sah er auch heute seine Hoffnungen getäuscht: kein Kreuz, kein Stern sollte seine loyale Brust schmücken, aber trotzdem mußte der Brief eine wichtige Nachricht enthalten. Dies konnte man aus der merkwürdigen Veränderung seines Gesichtes schließen, das während des Lesens immer nachdenklicher und ernster wurde. Die majestätische Stirn bedeckte sich mit Runzeln und die wasserblauen Augen vergrößerten sich sichtlich hinter der goldenen Brille, als wollten sie aus ihren Höhlen hervortreten, um sich zu überzeugen, ob sie wirklich recht gesehen.

Mit ehrfurchtsvollem Staunen beobachtete der graue Stadtsoldat die Mienen seines Vorgesetzten, dessen rechte Hand er war.

„Nun, Herr Bürgermeiſter, darf man zu dem Or=
den gratuliren?" fragte er neugierig.

„Noch nicht," entgegnete das würdige Haupt der
Stadt; „aber diesmal kann er mir nicht entgehen,
wenn wir nur einigermaßen Glück haben und auf=
paſſen."

„Auf mich dürfen Sie rechnen, Herr Bürgermeiſter.
Sagen Sie mir nur, was ich thun ſoll."

„Die Augen aufmachen, die Ohren aufknöpfen.
Wie die hohe Regierung mir anzeigt, hält ſich hier in
der Nähe unſerer Stadt eine Falſchmünzerbande auf,
der wir auf die Spur kommen müſſen. Alle Anzeichen
ſind vorhanden, daß ſie ihre Werkſtätte in unſerem
Kreiſe, wahrſcheinlich in einem der verfallenen Schachte
des Gebirges hat."

„Das iſt wohl möglich," erwiederte der alte Stadt=
ſoldat, „denn wie der Herr Bürgermeiſter bereits
wiſſen, hat der Kaufmann Grüner in der letzten Woche
zwei zinnerne Thaler in ſeiner Kaſſe gefunden, und
der Bäcker Wurm dito ein ſchlechtes Guldenſtück."

„Es fragt ſich nur, wer das falſche Geld ausge=
geben hat?"

„Darauf kann ſich weder der Kaufmann, noch der
Bäcker beſinnen; doch meint dieſer, daß ſeine Frau
glaubt, das Guldenſtück von der Wittwe Wendel für
Brod erhalten zu haben."

„Ist diese Frau Wendel nicht die Mutter von dem Grubenhans, der jetzt im Dienste des Doktor Eberhard steht?"

„Ganz recht, Herr Bürgermeister! Der Junge kommt mir längst verdächtig vor; er ist ein Herumtreiber, und ich habe ihn schon öfters in der Nähe des alten Bergwerks attrapirt, das früher dem Berggeschworenen Trautwein gehört hat. Dabei machte er immer ein solch verlegenes Gesicht, als ob er ein schlechtes Gewissen hätte."

„Das gibt allerdings einen Fingerzeig, einen höchst wichtigen Anhaltspunkt," versetzte das weise Haupt der Stadt. „Haben Sie den Jungen allein, oder in Gesellschaft gesehen?"

„Bald allein, bald aber auch in Begleitung des Doktors."

„Das ist allerdings bedenklich."

„Höchst bedenklich!" wiederholte das getreue Echo seines Herrn.

Der Bürgermeister versank in ein tiefes Nachsinnen, das der graue Stadtsoldat nicht zu unterbrechen wagte. Unwillkürlich erinnerte sich der Erstere an die allerdings verdächtigen Umstände, welche ihm die Frau Bürgermeisterin nach jenem interessanten Damenkränzchen mitgetheilt hatte. Zu diesen bloßen Gerüchten und

Muthmaßungen kamen nach die Aussagen der Wirth=
schafterin und die Angaben des Stadtsoldaten.

Zugleich regte sich in der pflichtgetreuen Brust des
würdigen Bürgermeisters der gewiß verzeihliche Wunsch,
durch Entdeckung der Verbrecher die Zufriedenheit einer
hohen Regierung zu erlangen und den Lohn seiner
großen Verdienste in Gestalt eines Ordens zu em=
pfangen.   Wenn er jemals dem Ziele seiner Wünsche
nahe stand, so war es in diesem Augenblick, wo er
gewissermaßen nur die Hand auszustrecken brauchte,
um den Vogel für sein Knopfloch einzufangen.

Freilich hatte die Sache ihre zwei Seiten; wenn
er sich täuschte, wenn sich sein Verdacht nicht bestätigte,
so gab es statt des Ordens eine lange Nase, die ihm
seine Vorgesetzten gewiß nicht ersparen würden, eine
furchtbare Blamage.   Deßhalb zögerte und schwankte
der Herr Bürgermeister gerade wie Buridans Esel
zwischen zwei Heubündeln.

„Jedenfalls," sagte er nach einer Pause zu dem
noch immer wartenden Stadtsoldaten, „müssen wir auf
den Doktor Eberhard vigiliren und seine Person im
Auge behalten."

„Das werde ich schon besorgen.   Haben der Herr
Bürgermeister sonst nichts zu befehlen?"

„Sobald Sie etwas Verdächtiges neuerdings be=
merken, werden Sie mir Meldung machen.   Außerdem

müssen Sie die zwei Fußgensdarmen dahin instruiren, daß sie in der Nähe des Bergwerks fleißig patroulliren und auf das Gesindel Acht geben, besonders auf den Grubenhans und die Wittwe Wendel."

„Ich werde sogleich die beiden Posten ausstellen und ihnen ihre Obstruktionen einschärfen," versetzte der brave Stadtsoldat, der sich mitunter eine kleine Verwechslung der von ihm mit Vorliebe gebrauchten Fremdwörter zu Schulden kommen ließ.

„Vor allen Dingen," mahnte der Bürgermeister, „wenden Sie die größte Vorsicht an. Wir müssen bis zum letzten Augenblick das strengste Amtsgeheim= niß bewahren, damit die Bande und besonders der Rädelsführer uns nicht entwischen kann."

„Darauf können sich der Herr Bürgermeister ver= lassen. Ich bin stumm wie das Grab."

Nachdem das Oberhaupt der Stadt seine Maß= regeln getroffen, verließ er das Rathhaus, um in der Mohren=Apotheke bei seinem zukünftigen Schwiegersohn ein solennes Frühstück einzunehmen, wozu ihn dieser eingeladen hatte.

Bei einer Flasche echten Madeira vertraute der Bürgermeister dem Herrn Schilling und der Frau Salzinspektor den Auftrag der Regierung an, indem er sich in einer so wichtigen Angelegenheit ihren Rath erbat.

Beide beſtätigten ihm das Vorkommen falſcher
Münzen in letzter Zeit, und der Apotheker zeigte ihm
ein ſchlechtes Zweithaler-Stück, das er zur Warnung
eigenhändig an den Ladentiſch genagelt hatte.

Leider konnte er ſich eben ſo wenig wie ſeine
Mutter auf die Perſon beſinnen, von der ſie das Geld
erhalten, doch erinnerte ſich die kluge Frau Salzinſpektor des Umſtandes, daß der Doktor Eberhard die von
ihm entnommenen Waaren mit Zweithaler-Stücken
bezahlt habe.

„Ich kann es zwar nicht beſchwören, aber das weiß
ich ganz beſtimmt, daß wir an demſelben Abend, wo
er zum erſten Mal in der Apotheke war, die falſche
Münze in der Kaſſe gefunden haben."

„Das iſt ein neues Indicium," entgegnete der
Bürgermeiſter. „Aber trotzdem hat die Sache noch
immer ihre großen Schwierigkeiten. Man kann doch
nicht auf einen bloßen Verdacht gegen einen Mann
einſchreiten, der ſich hinlänglich durch ſeine Papiere
bei der Polizei legitimirt hat. Wenn er unſchuldig iſt,
ſo bin ich für immer blamirt."

„Aber ich bin moraliſch von ſeiner Schuld überzeugt," erwiederte der Apotheker. „Wozu dieſe Heim-
lichkeit? Wozu dieſe auffallenden Einkäufe von Schwefel,
Queckſilber und andern verdächtigen Subſtanzen?"

„Ja! Wozu kann er das Alles denn brauchen?"

fragte der Bürgermeister seinen zukünftigen Schwieger=
sohn.

„Das will ich Ihnen sagen. Der Schwefel dient
ihm zu den Formen für die falschen Münzen und das
Quecksilber zum Schmelzen und Reinigen des Metalls,
um ihm das Aussehen von echtem Silber zu geben.“

„Ich zweifle nicht daran, daß Sie Recht haben
mögen, aber so lange mir die wirklichen Beweise für
sein Verbrechen fehlen, kann ich nichts gegen ihn
unternehmen, ohne mir selbst die größten Unannehm=
lichkeiten zuzuziehen.“

„Aber kann man sich nicht diese Beweise zu ver=
schaffen suchen?“ fragte die kluge Frau Salzinspektor.

„Allerdings, wenn ich eine Haussuchung vornehmen
lassen würde, wozu ich das Recht und die Befugniß
habe.“

„Dann würde ich auch keinen Augenblick Anstand
nehmen.“

„Sie vergessen nur das Aufsehen, das eine solche
Haussuchung macht, wenn sie zwecklos ausfällt. Ich
mag nicht daran denken, was das für ein Geschrei
geben würde; alle Zeitungen werden über mich her=
fallen, mich anklagen und verantwortlich machen.“

„Das läßt sich leicht vermeiden, wenn man nur
mit der nöthigen Schlauheit dabei verfährt. Ich will
Ihnen schon die Mittel und Wege angeben, wie Sie

das bewerkstelligen können, ohne daß ein Mensch und, am wenigsten der Doktor Eberhard eine Ahnung hat."

„Mein Gott! So reden Sie doch nur. Sie würden mich im höchsten Grade verbinden."

„Die Sache ist ganz einfach," versetzte sie mit einem triumphirenden Lächeln. „Man wartet, bis der Doktor ausgeht und seine Wohnung verläßt. In seiner Abwesenheit machen Sie ihm einen Besuch, und Frau Lehmann, seine Wirthschafterin, wird gewiß, wie ich sie kenne, so gefällig sein, Ihnen seine Zimmer zu öffnen und Alles zu zeigen, was Sie interessiren kann."

„Aber die Küche, worauf es doch hauptsächlich ankommt, soll ja, wie Sie selbst sagten, immer verschlossen sein und der Doktor den Schlüssel bei sich tragen."

„Das war früher der Fall, aber jetzt scheint er sich so sicher zu fühlen, daß er diese Vorsicht nicht mehr für nöthig hält, wie mir die gute Martha erst neulich erzählt hat."

„Sie sind in der That eine kluge Frau!" rief der Bürgermeister mit ungeheuchelter Bewunderung. „Alle Achtung vor Ihrem Geist und Ihrem Scharfsinn! Sie besitzen wirklich ein ausgezeichnetes Polizei-Genie."

„Und Sie wollen meinem Rathe folgen?"

„Noch heute werde ich der Frau Lehmann meinen Besuch abstatten," erwiederte der Bürgermeister mit schlauem Lächeln.

„Und ich wünsche Ihnen das beste Glück!"

„Darauf wollen wir anstoßen! sagte der Apotheker, die Gläser von Neuem füllend.

Während in der Mohren=Apotheke diese wichtige Berathung stattfand, hatte Eberhard mit dem Steiger die beabsichtigte Zusammenkunft in der Hütte der Frau Wendel. Nachdem Beide die nöthigen Verabredungen daselbst getroffen hatten, begaben sie sich unter Führung des Grubenhans in den verfallenen Schacht, wo der praktische Bergmann nach einer genauen und gewissen=haften Untersuchung ein höchst günstiges Urtheil über das ganze Unternehmen fällte.

Unterdeß benutzte der Bürgermeister die Abwesen=heit des Doktors, um der Frau Lehmann in Beglei=tung des ergebenen Stadtsoldaten den ihr oder viel=mehr der verdächtigen Wohnung zugedachten heimlichen Besuch abzustatten und bei dieser Gelegenheit die be=absichtigte Haussuchung bei Eberhard vorzunehmen.

Die würdige Wirthschafterin hatte viel zu großen Respekt vor einer hohen Obrigkeit und einen noch grö=ßeren Widerwillen gegen ihren neuen Herrn, um die geringste Schwierigkeit zu machen. Es bedurfte nicht des Zwanges, nicht einmal der Ueberredung; die bloße Aufforderung genügte schon, daß Sie bereitwillig Stube, Küche, Alles öffnete, wozu sie nur die Schlüssel besaß.

Sie selbst brannte vor Neugierde, endlich das große und gefährliche Geheimniß zu erfahren.

So fand mit Beobachtung der üblichen Formen die Haussuchung in der Wohnung des Doktors statt. Dieselbe hatte wenigstens für den Bürgermeister das gewünschte Resultat, indem er aus den vorhandenen, mit Beschlag belegten Gegenständen die Schuld des Angeklagten erwiesen glaubte.

In der Küche entdeckte er eine ansehnliche Menge von geschmolzenem Kupfer und andern verdächtigen Substanzen, verschiedene Retorten, Tigel und Gefäße, die nach seiner Meinung nur zu verbrecherischen Zwecken gebraucht worden sein konnten. Am meisten gravirend erschien ihm der Umstand, daß in einem ihm allerdings unbekannten galvanoplastischen Apparate sich verschiedene Abdrücke von gebräuchlichen Münzen und auch alten Medaillen vorfanden, die Eberhard lediglich dazu be= nutzt hatte, um die Güte und Feinheit des aus den vorhandenen Erzen genommenen Kupfers zu prüfen.

Der Bürgermeister hielt diese chemischen Proben für unwiderlegliche Beweise, daß der Doktor ein Falsch= münzer sei. Es bedurfte keines anderen Zeugnisses, um gegen den Verbrecher einzuschreiten. Aber auch in der Stube erblickte das würdige Haupt der Stadt noch verschiedene wichtige Indicien, die ihn in seiner Ueberzeugung nur bestärken mußten, unter Anderm einen höchst verdächtigen Bogen Papier mit Zahlen und römischen Buchstaben beschrieben, aus dem er nicht recht klug werden konnte, und den er deßhalb für eine in geheimen Chiffern abgefaßte Korrespondenz zu halten geneigt war. Selbst das Medaillon mit dem schönen Frauenbilde, das der holden Agnes so ähnlich sah, entging nicht den scharfen Blicken des herumspürenden Bürgermeisters.

Nachdem dieser Alles genau versiegelt und darüber in Gegenwart der Wirthschafterin ein förmliches Protokoll aufgenommen hatte, verließ er höchst befriedigt über die gemachte Entdeckung wieder das Haus des Berggeschworenen, um die nöthigen Anstalten zu der jetzt vollkommen gerechtfertigten Verhaftung des gefährlichen Verbrechers zu treffen. Im Geiste sah er sich bereits für seinen bewiesenen Amtseifer von einer hohen Regierung belobt und seine Brust mit dem strahlenden Verdienstkreuz geschmückt.

So klug und heimlich aber auch der Herr Bürgermeister bei der Haussuchung verfuhr, so streng er auch die Frau Martha Lehmann und den Stadtsoldaten zu dem tiefsten Stillschweigen verpflichtete, so konnte er es doch nicht gänzlich verhindern, daß ein so wichtiges, seit Menschengedenken unerhörtes Ereigniß unbeachtet und unbesprochen bleiben sollte.

Die Frau Salzinspektor hatte in der Freude ihres

Herzens der Frau Stadtrichter, mit der sie bei dem
Kaufmann an der Ecke zufällig zusammentraf, einen
freundschaftlichen Wink gegeben, diese mit der Frau
Postmeister, der sie noch eine Visite schuldig war,
darüber im Vertrauen gesprochen, und von der hatte
es die Frau Syndikus Ohnesorge erfahren, die mit
ihrem gewöhnlichen Leichtsinn für die weitere Ver-
breitung Sorge trug.

Auch in der Nachbarschaft des Doktors war der
Besuch des Bürgermeisters in Begleitung des gefürch-
teten Stadtsoldaten nicht unbemerkt geblieben. Man
hatte ihn hineingehen und nach einer halben Stunde
wieder herauskommen sehen, sichtlich aufgeregt mit der
Wirthschafterin sprechend und lebhaft gestikulirend. Diese
wurde befragt und ausgeforscht, ein Gegenstand der
allgemeinen Neugierde und Aufmerksamkeit, von allen
Seiten bestürmt und angeredet. Obgleich Frau Lehmann ihre Zunge hütete und nur ausweichende Ant-
worten gab, so ließ sie doch aus ihren ausdrucksvollen
Zügen und in ihrem ganzen Wesen errathen, daß es
sich um höchst wichtige Dinge handelte und daß sie
mehr wußte, als sie sagen konnte und wollte.

Es war natürlich klar, daß der geheimnißvolle Besuch des Bürgermeisters dem Doktor Eberhard gegolten
habe, über dessen Person und Beschäftigungen schon

waren. Ein in der Nachbarschaft wohnender Schneider, der in der Residenz die Revolution im Jahre 1848 mitgemacht hatte, meinte, daß man eine politische Ver= schwörung in der Hauptstadt entdeckt habe, an deren Spitze der Doktor stehe. Diese Ansicht stützte er haupt= sächlich auf den langen Demokratenbart und den Kala= breserhut, den Eberhard gewöhnlich trug.

Dagegen wollte der Schenkwirth aus derselben Gasse von seinem besten Kunden, dem Stadtsoldaten Kilian, im Vertrauen erfahren haben, daß der Doktor gar kein Doktor, sondern ein entsprungener Zuchthaus= sträfling sei, den man schon lange vergebens gesucht und der endlich durch den Scharfsinn des Bürger= meisters entdeckt worden sei. Andere wußten noch Schreckliches zu berichten und überboten sich in den fürchterlichsten Gerüchten.

An allen Ecken und Enden steckte man die Köpfe znsammen, flüsterte man sich die unglaubliche Neuigkeit ins Ohr, schlug man die Hände verwundert in ein= ander, und es verging keine Stunde, so wußte bereits die halbe Stadt, daß Eberhard ein Verbrechen began= gen habe und noch heute zur Haft gebracht werden sollte.

Ohne von diesen Vorfällen in ihrer Nachbarschaft das Geringste zu ahnen, saß die holde Agnes bei ihrer Arbeit, als plötzlich die Thür aufgerissen wurde und

ihr Dienſtmädchen mit geröteten Wangen und allen
Zeichen der höchſten Aufregung in das Zimmer ſtürzte.

„Mein Gott, Fräulein!" rief das Mädchen. „Sie
wiſſen wohl nicht, was vorgeht?"

„So ſprich doch!" verſetzte ſie, von ihrer Arbeit
aufblickend. „Du biſt ja außer Dir."

„Eine furchtbare Geſchichte, aber Sie dürfen nicht
erſchrecken. Der Herr Doktor Eberhard —"

„Eberhard!" unterbrach Agnes den Bericht des
Mädchens, von ihrem Stuhle aufſpringend. „Iſt ihm
ein Unglück widerfahren?"

„Wer hätte das einem ſo anſtändigen Herrn zu=
trauen ſollen! So etwas hätte ich mein Lebtag nicht
von ihm geglaubt."

„Um Gottes Willen! Was iſt mit ihm geſchehen?"

„So ein netter und freundlicher Mann ſoll ein
Verbrecher, vielleicht gar ein Mörder ſein."

„Was ſoll das heißen?" fragte Agnes beſtürzt. „Du
ſcheinſt mir den Verſtand verloren zu haben."

„Was kann ich denn dafür," verſetzte das Mädchen
in weinerlichem Ton, „wenn die Leute es ſagen. Der
alte Stadtſoldat hat es ja ſelbſt erzählt, daß der Herr
Doktor heute noch eingeſperrt werden ſoll."

Sechstes Kapitel.

Gefangen.

Da Agnes aus den verworrenen Reden des Mädchens nicht klug werden konnte, so eilte sie selbst auf
die Straße, von namenloser Angst getrieben, um sich
Gewißheit zu verschaffen. Ohne sich um das Geschwätz
der Leute zu kümmern, die bei ihrem Erscheinen sich
seltsame Blicke zuwarfen, trat sie in das Haus des
Berggeschworenen und fragte nach der Wirthschafterin.

Frau Lehmann war natürlich ganz empört darüber,
daß ein sittsames Mädchen sich, so weit vergessen konnte,
um sich nach einem notorischen Verbrecher zu erkundigen. Das war, so zu sagen, neues Wasser auf ihre
Mühle, und gab ihr einen willkommenen Stoff, den
sie sogleich der Frau Salzinspektor zuzutragen gedachte.
Wenn sie auch nur mit diplomatischer Zurückhaltung
und mit gebotener Vorsicht den geforderten Bescheid
ertheilte, so konnte Agnes doch so viel daraus ent-

nehmen, daß ein schwerer Verdacht auf Eberhard ruhte und ihm allerdings Gefahr drohte.

Das genügte, um ihre Schritte zu beschleunigen, obgleich sie selbst nicht wußte, was sie von dem Allem denken sollte. Unmöglich konnte er schuldig sein, sie hätte eher an Gott gezweifelt, als ihn für einen Verbrecher gehalten. Diese edlen Züge konnten nicht lügen, eine solche Vertrauen erweckende Sprache nicht täuschen. Wenn auch die ganze Welt ihn verdammte, sie sprach ihn frei.

Aber so viel stand fest, daß ein schändliches Komplott gegen ihn beabsichtigt war; sie mußte ihn retten, um jeden Preis warnen. Was kümmerte sie ihr Ruf, das Gerede der Menschen, all die gemeinen Rücksichten und Befürchtungen? Sie dachte nur an ihn und nicht an sich.

Ohne sich zu besinnen, stürzte sie hinaus durch das Thor nach der Hütte der Frau Wendel, wohin er, wie sie von ihrem Fenster aus bemerkt hatte, mit dem Grubenhans gegangen war. Dort hoffte sie ihn sicher zu finden, oder wenigstens zu erfahren, wo er weilte.

Athemlos, mit glühenden Wangen und klopfendem Herzen langte sie vor der wohlbekannten Hütte an; sie war verschlossen und die Wittwe, die sie bestimmt zu finden hoffte, nicht zu Hause. Wie ein Blitz durchschoß sie der Gedanke, daß er vielleicht den Weg nach

dem verfallenen Schacht genommen, wo er, wie sie
von dem Grubenhans wußte, zuweilen sich aufzuhalten
pflegte, um, wie er selbst ihr einmal lächelnd sagte,
sein Glück zu finden.

Damals hatte sie kaum auf diese geheimnißvolle
Rede geachtet, aber jetzt fiel sie ihr wieder ein, und
sie glaubte nicht zu irren, wenn sie ihn in der ange-
gebenen Richtung suchte. Wie von einer unwidersteh-
lichen Macht getrieben, schlug sie den ihr bekannten
Pfad nach dem Bergwerk ein. Unaufhaltsam eilte sie
durch die finstere Schlucht, ohne darauf zu achten, daß
ihr Fuß sich an den spitzen Steinen stieß, daß ihr Kleid
von den Dornen und dem stachlichen Gebüsch zerrissen
wurde.

Zwischen den Bäumen glaubte sie verdächtige Ge-
stalten zu bemerken. Es waren die ausgeschickten Fußgensdarmen, welche im Dickicht auf Eberhard lauerten
und den Ausgang besetzt hielten. Sie hatten zwar
Agnes gesehen, aber sie hielten sich nicht verpflichtet,
ihr in den Weg zu treten, da ihnen ihre Beute doch
nicht entgehen konnte.

Furchtlos eilte das kühne Mädchen an ihnen vor-
über mit beflügelten Schritten, über das Geröll mit
leichtem Fuß gleich einer Gemse springend, bald eine
nackte Baumwurzel, bald einen rieselnden Quell ver-
meidend, bis sie endlich vor der undurchdringlichen Wand

Verzweiflungsvoll über das unerwartete Hinderniß, erschöpft von Aufregung und Müdigkeit, ließ sie sich auf einen Stein nieder, um Eberhard, den sie in der Nähe glaubte, zu erwarten. Mit gespanntem Ohre lauschte sie auf das leiseste Geräusch, das Herz von namenloser Angst, von banger Erwartung erfüllt, nur mit dem einzigen Gedanken an ihn beschäftigt.

In der düsteren Einsamkeit trat wohl auch an sie der Versucher heran, regte sich auch in ihrer Brust der finstere Zweifel, daß er doch vielleicht schuldig sein könnte. Aber bald mußten die dunklen Schatten vor der siegreichen Gewalt ihrer Liebe weichen, deren sie sich erst in diesem Augenblick völlig bewußt war.

Sie liebte ihn, und der Mann, den sie liebte, konnte kein Verbrecher sein.

Während das holde Mädchen so zwischen Furcht und Hoffnung schwankte, verließ Eberhard in Begleitung des Grubenhaus und des fremden Steigers den verfallenen Schacht, voll freudiger Zuversicht und mit der inneren Befriedigung, die er über das Gelingen seiner Pläne und über seine glücklichen Aussichten für die nächste Zukunft empfand.

In diese frohen Gedanken und Entschlüsse mischte sich unwillkürlich das Bild der schönen Agnes, von deren Nähe er keine Ahnung hatte. Jetzt erblickte er sie, als er aus dem Dickicht hervortrat, aber er glaubte, seinen Augen nicht trauen zu dürfen; nur ein süßer Traum schien ihn zu necken.

„Agnes, Fräulein Agnes!" rief er überrascht, als wollte er sich erst Gewißheit verschaffen. „Sie hier?"

„Um Gottes Willen!" sagte sie verwirrt, von dem moosigen Stein aufspringend. „Ich suche Sie und warte bereits länger als eine halbe Stunde."

„Sie suchen mich?" fragte Eberhard verwundert.

„Um Sie zu warnen," versetzte sie hastig. „Flie= hen Sie, eilen Sie! Sie haben keinen Augenblick zu verlieren; man will Sie verhaften."

„Unmöglich!" erwiederte er lächelnd. „Das kann nur ein Irrthum sein. Aber jedenfalls bin ich Ihnen zum größten Dank verpflichtet, daß Sie selbst sich be= müht haben. Ich glaube jedoch, daß man sich mit Ihnen nur einen schlechten Scherz erlaubt hat."

„Nein, nein! Es ist nur zu gewiß. Wie .ich hörte, hat der Herr Bürgermeister in Ihrer Abwesen= heit eine Haussuchung vorgenommen."

„Eine Haussuchung bei mir!" rief Eberhard em= pört und seine Augen blitzten. „Diese Neugierde soll dem Herrn theuer zu stehen kommen."

„Man will wissen," entgegnete Agnes zögernd, daß der Bürgermeister die Beweise für Ihre Schuld

in Ihrer Wohnung gefunden haben soll, so daß Ihre
Verhaftung vollkommen gerechtfertigt erscheint."

„Das Alles klingt so unglaublich und lächerlich,
daß ich in der That nicht weiß, was ich davon denken
und dazu sagen soll. Würde ein Anderer als Sie,
mein Fräulein, mir derartige Dinge erzählen, so müßte
ich entweder an meinem oder an seinem Verstande
zweifeln."

„O! ich weiß ja, daß Sie unschuldig sind, daß Sie
kein Verbrechen begangen haben können. Aber nichts=
destoweniger glaubt die ganze Stadt das Gegentheil
von Ihnen. In meiner Herzensangst bin ich zuerst
zu Frau Wendel und dann hierher geeilt, um Sie zu
warnen."

„Agnes!" rief Eberhard tief bewegt. „Das haben
Sie für mich gethan, ohne zu bedenken, welch schimpf=
lichem Verdacht Sie sich dadurch aussetzen, welche Un=
annehmlichkeiten Ihnen daraus erwachsen müssen?
Das ist mehr als ich verdiene. O! Sie sind das
edelste, das beste Weib der Welt, mein Schutzgeist,
mein guter Engel."

Unwillkürlich hatte er ihre Hand ergriffen, die sie
ihm willig, wenn auch zitternd überließ. Seine Augen
ruhten auf dem glühenden Angesicht des holden Mäd=
chens so zärtlich, so ausdrucksvoll, daß sie vor Wonne
und Seligkeit zusammenschauerte, und was seine liebe=

vollen Blicke verriethen, das bestätigten seine treuen
Lippen mit schlichten und ehrlichen Worten.

So standen sie in süßer Trunkenheit, in berauschter
Selbstvergessenheit, ohne sich um die ganze übrige Welt
zu kümmern, als lebten sie allein auf der schönen
Erde. Die dunkle Schlucht wurde zum Tempel, der
moosige Stein zum Altar und im Angesicht des blauen
Himmels, der sich hoch über ihnen wölbte, tauschten
sie das Geständniß ihrer Liebe, gelobten sie sich ewige
Treue, ohne Wanken, bis an das Grab.

Nahe Schritte, rohe Stimmen mahnten die Glücklichen an die drohende Gefahr; zwischen den Bäumen
blitzten die Helme und Gewehre der Fußgensdarmen,
welche mit der Gefangennehmung Eberhard's beauf-
tragt waren.

„Verlassen Sie mich," bat er das erschrockene Mädchen. „Wenn man Sie in meiner Nähe findet, so
sind Sie verloren, Ihr Ruf für immer dahin. Denken
Sie an Ihre Mutter!"

„Nein, nein!" versetzte sie entschlossen. „Ich kann,
ich will Sie nicht verlassen. Jetzt habe ich ein Recht,
Ihr Geschick zu theilen."

„Wenn Sie mich lieben, so gehen Sie, bevor es
zu spät ist. Ich kann den Gedanken nicht ertragen,
daß Sie um meinetwillen leiden sollen."

„Kann ich denn gar nichts für Sie thun?" fragte sie verzweiflungsvoll.

„Doch," entgegnete er nach einigem Besinnen. „Schreiben Sie in meinem Namen an den Justizrath Himburg nach Karlsbad und benachrichtigen Sie ihn von meiner Lage."

„Das will ich sogleich thun und wie ich ihn kenne, wird er keinen Augenblick säumen und Alles anwenden, um Sie zu befreien."

„Und nun leben Sie wohl, Agnes! Ich hoffe, daß wir uns bald wiedersehen."

„Nein, nein! Ich bleibe bei Ihnen, komme, was auch kommen mag."

„Sie erschweren mir nur meine Lage. Kann ich ruhig zusehen, wie die rohen Häscher Sie vielleicht verspotten, wie die elende Welt Ihren reinen Namen befleckt? Der bloße Gedanke bringt mein Blut in Wallung und macht mich unaussprechlich elend. Ich bitte, ich beschwöre Sie, verlassen Sie mich jetzt. Der Irrthum wird und muß sich aufklären. Morgen bin ich wieder frei und dann —"

Er vollendete nicht, da die Gensdarmen in diesem Augenblick ihn unterbrachen. Agnes stieß einen leisen Schrei aus und sank auf den Stein nieder, ihr Gesicht mit beiden Händen bedeckend. Als sie aus ihrer kurzen Ohnmacht erwachte, war sie allein, und in der

Ferne sah sie den Geliebten in Begleitung der beiden Polizeibeamten, die ihn und zugleich den Grubenhans, sowie den fremden Steiger verhaftet hatten, ohne sich um Agnes weiter zu kümmern, indem sie sich nur streng an ihren Auftrag hielten, sich des Doktors und seiner Mitschuldigen zu bemächtigen.

Siebentes Kapitel.

Am eigenen Heerd.

Nachdem sich Agnes erholt hatte, schwankte sie weinend, mit gebrochenem Herzen, zu der Hütte der Frau Wendel; aber auch die arme Wittwe war, wie sie daselbst erfuhr, bereits vor einer Stunde durch den Stadtsoldaten zum Verhör auf das Rathhaus abgeholt und trotz aller Betheuerungen ihrer Unschuld in das Gefängniß gesetzt worden.

Dasselbe Schicksal widerfuhr auch dem gefangenen Eberhard, der vergebens gegen einen solchen brutalen Gewaltakt protestirte. Unter der Begleitung der ganzen löblichen Straßenjugend und des süßen Pöbels wurde er in feierlicher Prozession nach dem Stockhaus gebracht. Voran schritt der graue Stadtsoldat und schnitt sein grimmigstes Gesicht, zur Seite gingen die beiden Gensdarmen mit blanken Seitengewehren, als wäre er ein gefährlicher Mörder, und hinterdrein jubelte der Troß.

Das ganze Städtchen befand sich in einer fieber= haften Aufregung, vor allen Thüren standen die neu= gierigen Bürger, und zu den Fenstern steckten die Ho= noratioren ihre Köpfe heraus. Der Bäcker vergaß seinen Ofen zu heizen und der Kaufmann an der Ecke ließ seine Kunden im Stich.

„Sie bringen ihn!" rief Einer dem Andern zu. „Sie haben ihn schon. Wer hätte das gedacht! Er sieht gar nicht wie ein Verbrecher aus."

„O! der hat es dick hinter den Ohren sitzen. Stille Wasser sind am tiefsten."

„Man hat für zwanzigtausend Thaler falsches Geld bei ihm gefunden und einen ganzen Berg von nach= gemachten Bankscheinen."

„Nun, seine zwanzig Jährchen Zuchthaus sind ihm gewiß. Der wird daran glauben müssen."

„Schade um den jungen Mann!" sagte ein mit= leidiges Mädchen.

„Du bist wohl auch verliebt in ihn, wie die Pro= fessorstochter, die ihm nachgelaufen ist," erwiederte eine Nachbarin.

„Die fromme Agnes, die immer so thut, als ob sie nicht Dreie zählen könnte."

„Es ist ein Skandal. Nachgelaufen ist sie ihm

auf Schritt und Tritt, bei der Wendel haben sie ihre heimlichen Zusammenkünfte gehabt."

So sprach das Volk; aber noch weit schlimmer ur= theilte der vornehme Pöbel, der mit sichtlicher Schaden= freude auf den vorüberziehenden Gefangenen blickte. Besonders konnten sich der Apotheker und seine kluge Mutter nicht den Triumph versagen, den ihnen das klägliche Schauspiel einer solchen Demüthigung des verhaßten Doktors bereitete.

Die Frau Salzinspektor aber erwartete wenigstens eine Bürgerkrone für ihre Verdienste um das durch ihre Wachsamkeit und ihren Scharfblick gerettete Vater= land.

Endlich senkte sich die Nacht auf das seit Men= schengedenken nicht so bewegte Städtchen nieder und mit ihr auch die Ruhe in die mehr oder minder em= pörten Gemüther der Einwohner. Alles schlief, selbst der würdige Bürgermeister schloß die wachsamen Augen der Gerechtigkeit und träumte von dem Orden, der ihm nicht entgehen konnte. Auch der Gefangene, welcher nicht wußte, ob er über eine solche Tollheit lachen oder verzweifeln sollte, streckte sich ermüdet auf seinen Strohsack und träumte von der Geliebten seines Her= zens; nur Agnes wachte und dachte an den theuren Mann, dem sie ihren Ruf geopfert hatte.

Aber das tapfere Mädchen begnügte sich nicht mit

dem bloßen Denken, sondern sie schrieb noch am späten Abend einen langen und ausführlichen Brief an den Justizrath Himburg, worin sie ihn beschwor, dem Freunde zu helfen und ihn ohne Zögern aus dem Kerker zu befreien.

Trotz der dunklen Nacht trug sie selbst das Schreiben auf die Post, mit Sehnsucht die Antwort des alten Rechtsanwalts erwartend.

Am nächsten Morgen begab sich der Bürgermeister mit dem feierlichsten Amtsgesicht nach dem Rathhause, um in eigener Person das Verhör der Verhafteten vorzunehmen, wobei ihm der Syndikus Ohnesorge pflichtschuldigst assistirte.

Zuerst wurde die Wittwe Wendel vorgeführt und zur Wahrheit ermahnt, und da alle Ermahnungen kein Geständniß aus ihr herausbringen konnten, mit den härtesten Drohungen angefahren, worauf sie, einigermaßen eingeschüchtert, nicht leugnete, den Doktor Eberhard zu kennen und zuweilen bei sich gesehen zu haben, wogegen sie unter Versicherung ihrer Unschuld die Betheiligung an dem ihm zur Last gelegten Verbrechen entschieden in Abrede stellte.

Dasselbe that auch der fremde Steiger, der, gleichfalls streng befragt, von einem derartigen Verbrechen nichts wissen wollte und einfach erklärte, daß der Angeklagte ihn lediglich wegen des verfallenen Bergwerks

um Rath gefragt habe, was natürlich von dem Bür=
germeister für eine leere Ausrede gehalten wurde.

Am schlimmsten aber erging es dem armen Gruben=
hans, da der treue Bursche, eingedenk seines gegebenen
Versprechens, nicht mit der Sprache herausrücken wollte,
obgleich der Inquirent ihm für seine Verstocktheit eine
Tracht Prügel und Entziehung der gewiß nicht leckeren
Gefängnißkost in Aussicht stellte.

Endlich erschien der Hauptschuldige und eigentliche
Rädelsführer, dessen feste und ruhige Haltung den
würdigen Bürgermeister zur Verzweiflung brachte, da
Eberhard jede Auslassung entschieden verweigerte und
bestimmt verlangte, vor seinen ordentlichen Richter ge=
stellt zu werden.

„Das ist ein hartnäckiger Bösewicht," flüsterte der
Inquirent seinem Kollegen zu. „Was sollen wir mit
ihm anfangen?"

„Es bleibt uns freilich nichts übrig," versetzte der
Syndikus, „als sein vollkommen gesetzmäßiges Verlan=
gen zu erfüllen und ihn dem Gericht zu übergeben."

„Und ich habe mich schon so sehr darauf gefreut,
ihn zum Geständniß zu bringen."

„Das thut nichts," tröstete ihn der Kollege. „Sie
haben doch das Verdienst, die Falschmünzer entdeckt zu
haben."

und der Stadtrichter sich damit befassen, und die Sache
zu Ende führen. Die werden den Patron schon ins
Gebet nehmen, noch dazu, wenn ich zuvor mit ihnen
darüber spreche und ihnen meine Ueberzeugung insinuire."

Noch an demselben Tage machte der Bürgermeister
dem Gericht die nöthige Anzeige, indem er noch zum
Ueberfluß persönliche Rücksprache mit den beiden Beamten zu nehmen gedachte, mit denen er sonst befreundet war. Zu seiner größten Verwunderung machte der
Staatsanwalt ein höchst bedenkliches Gesicht, nachdem er
den etwas parteiisch gefärbten Bericht des Stadtoberhauptes angehört und das ihm zugleich überreichte Protokoll flüchtig gelesen hatte.

„Ich glaube kaum," sagte der noch junge aber tüch-
tige Beamte, „daß die von Ihnen angeführten Indicien hinreichen, eine Anklage zu begründen. Keineswegs scheint mir aber die jedenfalls voreilige Verhaftung des Doktor Eberhard gerechtfertigt."

„Mein Gott!" rief der Bürgermeister mit geröthe-
tem Gesicht. „Ich glaubte den Dank einer hohen Regierung zu verdienen."

„Im Gegentheil! Wenn der Doktor unschuldig
sein sollte, wird der Regierung nicht besonders mit
Ihrem Eifer gedient sein."

„Sie verlangen doch nicht, daß ich den höchst verdächtigen Menschen frei lassen soll."

„Darüber habe ich so wenig wie Sie jetzt zu be=
stimmen. Meine Pflicht ist es nur, Ihre Anzeige zu
prüfen und, wenn ich sie für begründet halten sollte,
dem Kollegium vorzutragen, das über die Einleitung
der Untersuchung, über die Zulässigkeit oder Aufhebung
der Haft einzig und allein zu entscheiden hat.“

Das war freilich ein Donnerschlag für den guten
Bürgermeister, der im Geist statt der ersehnten Be=
lohnung eine lange Nase von Seiten der hohen Be=
hörde sah, aber noch gab er die Hoffnung nicht auf;
war doch der Stadtrichter Gansauge sein lieber Ge=
vatter, mit dem er so manche Flasche geleert hatte, ein
ganz anderer Mann, als der noch junge naseweise
Staatsanwalt, der erst seit kurzer Zeit in dem Städt=
chen lebte und gewissermaßen noch gar nicht mit=
zählte.

Da der Bürgermeister wußte, daß der Stadtrichter
um diese Stunde regelmäßig wie eine richtig gehende
Uhr in dem Casino der Honoratioren saß und dort
seinen Whist mit dem Postmeister und dem Apotheker
spielte, so begab er sich ebenfalls dahin, um mit seinem
Gevatter ein Wort im Vertrauen über den kritischen
Fall zu sprechen.

Bei seinem Eintritt in die Gesellschaft fand er das
sonst so friedliche Casino in einer ungewöhnlichen,
wahrhaft fieberhaften Aufregung. Die Spieler hatten

ihren Tisch verlassen, die Zeitungsleser ihre Lieblings=
blätter heute gar nicht angesehen und die enragirtesten
Billardkünstler verschmähten die Queue's, welche ihnen
der aufwartende Kellner vergebens präsentirte. Das
war ein Lärmen und Toben, als ob sich plötzlich die
gemüthlichste Ressource auf der Welt in ein Kriegs=
lager verwandelt hätte. Hier stand der Mohren=Apo=
theker mit der ausgegangenen Tabakspfeife gleich einem
Schlachtschwert in der Hand, und ihm gegenüber sein
Concurrent „Zum weißen Engel", nicht minder schlag=
fertig; dort war der sonst so stille Syndikus im wil=
den Wortgefecht mit dem Assessor Helfrich begriffen,
während der dicke Postmeister und der lange Stadt=
richter vergebens die streitenden Mächte zu beschwich=
tigen und den offenen Ausbruch der Feindseligkeiten
durch ihre Intervention zu verhindern suchten.

„Ich sage Ihnen," sprach der weiße Engel, „daß
der Mann unschuldig ist."

„Und ich glaube bestimmt das Gegentheil," ent=
gegnete der schwarze Mohr mit erhitztem Gesicht.

„Wenn alle Leute, welche Schwefel und Queck=
silber in meiner Apotheke kaufen, Falschmünzer sein
sollten, so würden alle Zuchthäuser in der Welt nicht
ausreichen."

„Aber bedenken Sie nur die Münzen und Me=
daillen, die man bei der Haussuchung gefunden hat."

„Wollen nichts bedeuten. Wie ich höre, sind es ja nur galvanoplastische Abdrücke, die der Doktor zu seinem Vergnügen angefertigt hat."

„Das kann nur ein Ignorant behaupten," schrie der Schwarze ganz empört.

„Nur ein Dummkopf kann sich so täuschen lassen," versetzte noch lauter der ergrimmte Weiße.

Engel und Mohr standen im Begriff, mit einan= der handgemein zu werden und dem lang verhaltenen Groll ihres Brodneides gegenseitig Luft zu machen, wenn nicht der dicke Postmeister sich wie eine Scheide= wand zwischen Beide aufgepflanzt hätte.

„Mäßigen Sie sich doch, meine Herren!" bat der Friedensstifter und Vorstand des Casino. „Ruhe ist die erste Bürgerpflicht."

Auf der andern Seite bewies der Assessor Helfrich dem schwachen Syndikus aus dem Landrecht die Un= gesetzlichkeit des gegen den Doktor Eberhard beobachteten Verfahrens. Die ganze Gesellschaft nahm an dem Streite lebhaft Theil und war in zwei Parteien zer= fallen, die mit Erbitterung für oder gegen die Schuld= losigkeit des Gefangenen kämpften.

Die Erscheinung des Bürgermeisters goß nur noch Oel in das Feuer und fachte den glimmenden Funken zur hellen Flamme an. Bald sah er sich von den hin= und hergezogen, so daß er in der That nicht mehr wußte, wo ihm der Kopf stand.

Selbst der Gevatter Stadtrichter, auf den er seine ganze Hoffnung setzte, beobachtete eine gewisse Zurück= haltung, da er es unter den obwaltenden Umständen für gerathen hielt, seine richterliche Unparteilichkeit zu behaupten und sich über die fatale Angelegenheit wenig= stens öffentlich nicht zu äußern.

Erst auf dem Heimwege, nachdem sich das Casino in der höchsten Verwirrung aufgelöst hatte, gelang es dem Bürgermeister, seinem alten Freund einige Winke über den Gefangenen zu geben, die diesen allerdings nicht zu Gunsten des Angeschuldigten stimmten.

Unterdeß hatte der Staatsanwalt noch an dem= selben Abend das von dem Bürgermeister vorläufig genommene Protokoll sorgfältig gelesen und geprüft, und auch die Gefangenen, besonders Eberhard, nochmals einem kurzen Verhör unterworfen. Die offene Weise, womit der Letztere die von ihm geforderte Aufklärung gab, der günstige Eindruck seiner ganzen Persönlichkeit und die mit seinen Angaben vollkommen übereinstim= menden Aussagen der übrigen Verhafteten ließen dem verständigen Beamten kaum noch einen Zweifel an der Unschuld des Doktors.

Trotzdem konnte er für sich allein nicht die Frei= lassung des Gefangenen anordnen, da darüber nur das aus drei Richtern bestehende Kollegium zu beschließen hatte, nachdem einmal die Sache soweit gekommen war. Am nächsten Tage sollte die zu diesem Zweck anberaumte Sitzung stattfinden, welche von sämmtlichen Betheiligten mit der größten Spannung erwartet wurde.

Der lichtvolle Antrag des Staatsanwalts, durch hinreichende Gründe unterstützt, forderte die völlige Niederschlagung der Untersuchung und die sofortige Freilassung der Gefangenen, wogegen jedoch der Stadtrichter als ältestes Mitglied und Vorsitzender des Kollegiums sich erklärte, da ihm zwar die Schuld nicht erwiesen, aber der Fall mindestens zweifelhaft erschien, wobei er von dem Grundsatz ausging, daß jeder Angeklagte für schuldig zu halten sei, so lange das Gegentheil nicht feststehe.

Als eingefleischter Stockjurist suchte er seine Ansicht durch pedantische Gelehrsamkeit und Aufführung aller möglichen auf den Fall passenden und unpassenden Paragraphen des Landrechts und der Kriminalordnung zu begründen, während der Staatsanwalt und der Assessor Helfrich seine einseitige und beschränkte Auffassung mit Scharfsinn bekämpften, der dritte Beisitzer, ein gleichfalls älterer Assessor, sich jedoch mehr passiv verhielt.

Während noch das Zünglein an der Wage der

Gerechtigkeit schwankte, erhielt der Bürgermeister eine telegraphische Depesche, die ihn in die höchste Aufregung versetzte. Das konnte nur was Großes zu bedeuten haben, wahrscheinlich eine Anerkennung von Seiten der Regierung, der er sogleich die Entdeckung und Ergreifung der von ihm gefangenen Falschmünzer gemeldet hatte.

Mit zitternden Händen eröffnete er das Couvert; die Buchstaben tanzten vor seinen Augen und drei Mal wischte er die angelaufenen Brillengläser, da er seinen Augen nicht trauen wollte. Endlich stieß er einen tiefen Seufzer aus, indem er das verhängnißvolle Blatt sprachlos auf den Tisch fallen ließ.

„Was giebt es denn?" fragte der ihm zur Seite sitzende Syndikus, dem die sichtliche Bestürzung des weisen Stadtoberhauptes nicht entgangen war.

„Lesen Sie!" stöhnte der Unglückliche.

Die Depesche lautete: „Unbegreiflicher Irrthum! Die Falschmünzer sind in der Residenz bereits seit gestern entdeckt, gefänglich eingezogen, haben ein umfassendes Geständniß abgelegt. Doktor Eberhard und Genossen sofort in Freiheit zu setzen."

„Möchte da Einen nicht der Schlag rühren!" rief der arme Bürgermeister. „Das ist der Dank für alle meine Mühe. Was soll ich thun?"

„Was eine hohe Regierung befiehlt," versetzte der loyale Syndikus.

„Den Skandal überleb' ich nicht."

„Es bleibt Ihnen kein anderer Ausweg, als sofort dem Gericht die nöthige Anzeige zu machen."

„Einzigster, bester Freund!" flehte der Bürgermeister. „Ersparen Sie mir die Demüthigung und übernehmen Sie die Befreiung der Gefangenen. Mir fehlt die Kraft dazu, meine Beine tragen mich nicht."

Der gutmüthige Syndikus fühlte ein menschliches Rühren und übernahm für seinen Vorgesetzten den eben nicht allzu angenehmen Auftrag. Eine Stunde darauf verließ Eberhard mit seinen Mitgefangenen das Stockhaus. Wie ein Lauffeuer verbreitete sich die Nachricht von seiner Freilassung durch das ganze Städtchen, und es gab jetzt keinen Menschen, der nicht von seiner Unschuld von vornherein überzeugt gewesen war. Es fehlte nicht viel, so hätten ihm dieselben Leute, welche ihn noch vor Kurzem für einen Mörder hielten, einen Triumphzug bereitet und die Pferde von seinem Wagen ausgespannt, um ihn selbst zu ziehen, wenn er es nicht vorgezogen hätte, bescheiden zu Fuß zu gehen.

Sein erster Gang galt aber nicht seiner Wohnung, sondern der Professorin, oder vielmehr ihrer guten und schönen Tochter, die ihm mit einem Freudenschrei in die Arme stürzte und an sein Herz sank. In Gegenwart ihrer Mutter drückte er den Verlobungskuß auf ihre keuschen Lippen, indem er zugleich um ihre Hand anhielt, die ihm nicht verweigert wurde.

„Gott segne euch," sagte die Professorin tief er= griffen. „Indem ich Ihnen," fügte sie zu Eberhard gewendet hinzu, „mein Kind anvertraue, trage ich zu= gleich eine schwere Schuld an meinen verstorbenen Freund ab."

„O!" versetzte er. „Ich habe es längst geahnt, daß Sie ihm theuer waren. Das Medaillon, welches ich in seinem Nachlasse gefunden, zeigte, wenn ich nicht irre, Ihr Bild."

„Er war der beste Freund meines Gatten," ent= gegnete die Professorin mit zitternder Stimme. „Nach dem Tode desselben nahm er sich der hülflosen Wittwe großmüthig an und sorgte für mich wie ein Bruder, wie ein naher Verwandter. Trotzdem wurde unser vertrauliches Verhältniß in der kleinen Stadt bald ein Gegenstand der gemeinsten Verleumbung, der unwür= digste Verdächtigung. Um meinen Ruf zu retten, bot der edle Mann mir seine Hand an, die ich jedoch aus Liebe für meinen todten Gatten, aus Rücksicht für mein einziges Kind ausschlug. Er ehrte meine Gründe und zürnte mir nicht, aber er hielt es aus übertriebener Delikatesse unter diesen Umständen für gerathen, sich zurückzuziehen und mich nicht mehr zu sehen, obgleich

er nach wie vor es nicht an Beweisen seiner Freund=
schaft fehlen ließ. Zum Abschied bat er mich um jenes
Bild, das ich ihm gern überließ. Sie waren mir
kein Fremder, als ich Sie zum ersten Mal sah, son=
dern ein Freund, ein Sohn."

Die Freude der Liebenden wurde durch diesen un=
erwarteten Aufschluß noch vermehrt, und es gab wohl
an diesem Tage keine glücklicheren Menschen in der
weiten Welt, als die Professorin und ihre Kinder.

Daß Eberhard jetzt aus doppelten Gründen trotz
seiner Erlebnisse in dem kleinen Städtchen blieb, ver=
stand sich wohl von selbst. Mit Hülfe des wackern
Justizraths Himburg, der sogleich nach Empfang jenes
Briefes seine Heimkehr beschleunigt hatte, ordnete er
alle Angelegenheiten, vorzugsweise seine Ansprüche auf
das ererbte Bergwerk, was ihm auch ganz nach Wunsch
geläng und keine besonderen Schwierigkeiten verur=
sachte.

Als aber die Schwalben im nächsten Frühjahr
wiederkehrten, da waren so viele und große Verände=
rungen wie noch nie in dem kleinen Städtchen einge=
treten. Zunächst hatte der Herr Bürgermeister seinen
Abschied genommen oder erhalten, worüber die Stim=
men nicht ganz einig waren. Auch der Herr Stadt=
richter und Gevatter war in den Ruhestand freiwillig
oder vielleicht auch unfreiwillig versetzt worden. An

seine Stelle war der Assessor Helfrich vorgerückt, während der Staatsanwalt nach einstimmiger Wahl den Posten des Bürgermeisters angenommen hatte.

In der Mohren-Apotheke hörten die Schwalben nur Zank und Streit, seitdem Herr Schilling die schmachtende Hulda heimgeführt. Die kluge Frau Salzinspektor, die Semiramis des Städtchens, konnte sich nicht mit ihrer Schwiegertochter vertragen und beide lagen sich, wie die Mägde am Brunnen sich erzählten, fortwährend in den Haaren. Das Damen-Kränzchen aber kam nicht mehr zusammen, da die Mitglieder sich aus verschiedenen Gründen entzweit hatten und jetzt Todfeindinnen geworden waren. Auch die entlassene Wirthschafterin, die würdige Frau Lehmann, stand in Ungnade bei der Frau Salzinspektorin und würde wahrscheinlich verhungert sein, wenn sie nicht ein unbekannter Wohlthäter unterstützt hätte.

Draußen aber vor dem Thor erhebt sich in der Nähe des wieder eröffneten Schachts, der eine überaus reiche, alle Erwartung übertreffende Ausbeute liefert, eine eben erst fertig gewordene Villa, in der das Glück und der Frieden wohnt. Rings umher liegen kleinere Gebäude für die Arbeiter und Bergleute, die in dem „Agnes-Schacht", wie er jetzt heißt, eine lohnende Beschäftigung finden, und an deren Spitze der mit einem ausreichenden Gehalt angestellte Steiger steht. In einem besonders freundlichen Häuschen wohnt die Wittwe Wendel, welche das Amt einer Wirthschafterin versieht, während der Grubenhans ein ganz tüchtiger Bergmann zu werden verspricht.

Ueberall herrscht hier rege Thätigkeit, ein frisches Leben, dessen Mittelpunkt der allgemein verehrte Doktor Eberhard ist. Sichtlich gedeiht Alles, was er unternimmt, und schon jetzt müssen selbst seine früheren Gegner zugestehen, daß seine Unternehmungen Hunderten Brod geben und den Wohlstand der ganzen Gegend sichtlich befördern. Aber auch den geistigen Einfluß des tüchtigen Mannes will man bereits in mancher besseren Einrichtung und selbst in den Sitten der kleinen Stadt bemerken; was jedoch nicht verbürgt werden kann.

Wenn er aber von der Arbeit, an der es ihm nicht fehlt, ausruht, so findet er ein holdes, liebliches Weib an seiner Seite, das ihn so glücklich macht, wie er es nie gedacht. Wo aber die Zufriedenheit und die Liebe wohnen, da bauen die Schwalben am liebsten ihre Nester. Wie in früherer Zeit lauscht Agnes nach wie vor gern dem fröhlichen Gezwitscher der alten Freunde, und sie freute sich darum, als die Schwalben auch an dem neuen Hause ihr Nest befestigten. Als aber eines Tages die eben aus dem Ei gekrochenen Jungen ihre

Schnäbel aufthaten, da überkam sie ein Gefühl nie ge=
kannter Seligkeit, die Ahnung einer unaussprechlichen
Wonne. Erröthend umarmte sie den geliebten Mann,
der in diesem Augenblick sein Schicksal segnete, das
ihn in der kleinen Stadt das größte Glück finden ließ.

Buchdruckerei von Gustav Lange (Otto Lange) in Berlin, Friedrichsstr. 109.